Sahara noir et blanc

Touareg, de l'Ajjer à l'Ahaggar

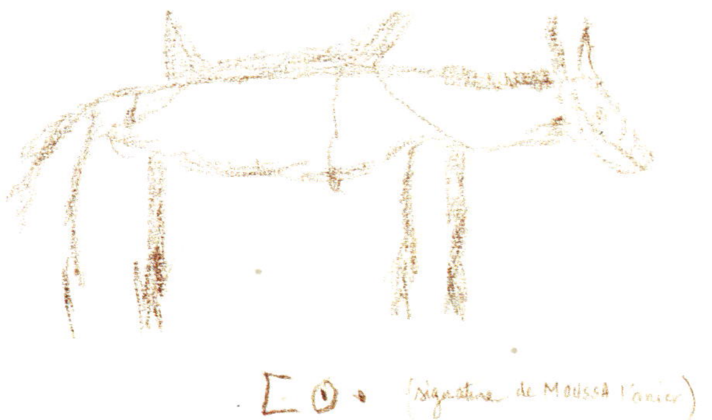

L'âne de Moussa l'un de nos deux âniers de l'Ajjer

Le chameau de Rabbit l'un de nos deux chameliers de l'Ahaggar

Editions Larivière – Palette Safari

d'un père à son fils,
d'un fils à ses parents,
au Grand Désert et ses hôtes.

Mes "ISENNEMMIREN*" à :

Explorator, son Président Directeur Général Hervé Tribot La Spière, son Directeur Nicolas Loizillon, Manu et Magali grâce à qui nous sommes partis vers le grand Sud.

Air Algérie avec Monsieur Mohamed Salah Boultif

l'Agence de voyage Akar-Akar, son Président Directeur Général Mokhtar Zounga qui est aussi Maire de Tamanrasset, son équipe avec, entre autres, Larbi le Directeur, Ahmed, Azoum, Kader, Mohamed, nos deux chameliers Abdela Melale et Rabbit son frère ainsi qu'à nos sept chameaux pour notre méharée dans le cœur de l'Ahaggar. Je n'oublie pas, non plus, Yvelyne Marlaud pour son soutien, ainsi que Mokhtar ag Ba-Hammu et les siens.

l'Agence de voyage Timbeur, son Président Directeur Général Hamou Dahou, son équipe avec, entre autres, Ali, Tayep, les deux âniers Moussa et Choussieni ainsi qu'à nos sept ânes pour notre marche sur le Tassili n'Ajjer.

Bob Taïri et Saïd pour leur accueil chaleureux et efficace à l'aéroport d'Alger

Offices des Parcs Nationaux de l'Ajjer et de l'Ahaggar

Outoul, ses habitants et le groupe folklorique. Tout particulièrement le chef de village Ben Djana Moussa, le Directeur de l'Ecole Ben Djana Mouhammed qui est aussi le Chef du groupe folklorique, l'instituteur Ben Djama Mustapha et ses élèves. Ces derniers ont réalisé quelques-uns des dessins qui illustrent ce livre.

Frère Antoine pour son accueil à Tamanrasset et la visite du Fortin. Il est entre autres l'auteur de "La mort de Charles de Foucauld", Editions Karthala / Déc.2000.

Frère Edouard et Frère Alain pour leur accueil à l'Assekrem.

Martine, Marie-Thérèse et Marie-Jo pour leur sourire et leur accueil à Tamanrasset au sein de leur congrégation des Petites Sœurs du Sacré-Cœur.

Lefranc & Bourgeois, Pierre Ball pour l'ensemble du matériel de dessin avec lequel je travaille et celui offert aux Hommes bleus ainsi qu'à l'école d'Outoul et à l'une des classes de Tamanrasset.

Madame Stéphane Desombre pour m'avoir aimablement autorisé à reproduire quelques-unes des photographies que son mari a rapportées de ses expéditions entreprises à la fin des années vingt et au début des années trente dans l'Ajjer et l'Ahaggar. Ainsi qu'à Anne et Olivier Desombre pour nos vingt ans d'amitié.

Abdessalam Chekib, ancien Directeur du Parc National de l'Ahaggar.

Ali Belkheir, Thomas Berman

Paul Lerolle, médecin de son état, qui a guéri les maux dont mon texte souffrait.

Ma femme pour sa compréhension et son soutien.

François Folcher dont la passion pour la photographie lui a déjà permis de rouler sa bosse en maintes régions d'Afrique. Il réalise là l'un de ses objectifs, que se dévoile devant ses yeux le grand Sud algérien. Grâce à lui, ce désert noir et blanc devient au fil des pages haut en couleurs.

Yvan Arzur qui me permet pour la troisième fois, par la présente collection, d'assouvir mes desseins.

**REMERCIEMENTS, en Tamâchek, la langue des hommes bleus.*

Sahara noir et blanc
Touareg, de l'Ajjer à l'Ahaggar
"Oudjalan"

2– KEL AJJER et KEL AHAGGAR
(Ceux de L'Ajjer et Ceux de l'Ahaggar)

Etienne Van Den Driessche / François Folcher

Editions Larivière – Palette Safari

Palette Safari, le dessin d'une vie.

"...C'est une belle solitude que j'aime extrêmement ; aux environs, il y a grand nombre de ravins qui, dès qu'il pleut, se couvrent d'herbe parfumée, et aussitôt les Touaregs y plantent leurs tentes pour boire le bon lait des montagnes !... " (1)

(1) Extrait d'une lettre que le Père Charles de Foucauld a écrit du haut de son ermitage de l'Assekrem.

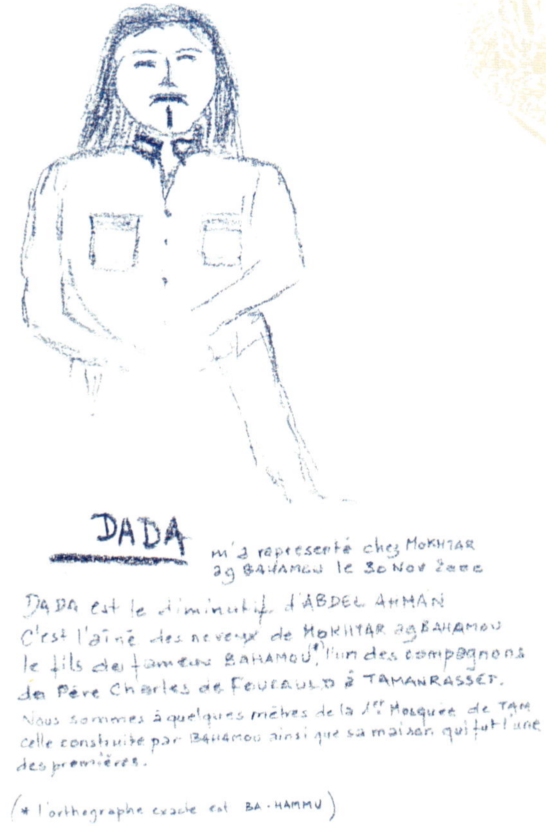

L'auteur dessiné par Abdel Ahman dit Dada.
Ce dernier est l'un des petits-neveux de Ba-Hammu
le fameux compagnon du Père Charles de Foucauld.

L'artiste peintre Etienne Van Den Driessche découvre un peuple et sa terre, un carnet de croquis à la main.

Dessiner, c'est avant tout bien observer.
C'est ensuite transcrire, en quelques traits et touches de couleurs, ses émotions sur le papier. La trace ainsi laissée sur le carnet n'est pas la pâle copie d'un moment vécu,
mais son souvenir chargé de sens. La faune, la flore, les paysages et les Hommes ne font plus qu'un, tout en dévoilant leur diversité.
C'est à visage découvert qu'il côtoie ces derniers.
A leur tour, ceux-ci gravent leurs émotions sur le papier.
Chacun a sa propre vision.
D'un même lieu, s'illustrent plusieurs versions.

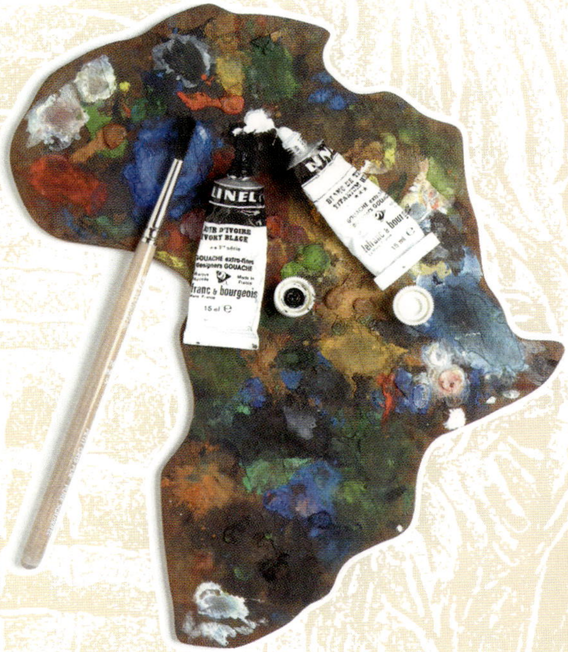

Le carnet de croquis gomme la barrière de la langue, l'échange est unique.

"Je dis et j'insiste qu'il vaut mieux dessiner en compagnie que tout seul, et cela pour différentes raisons.
La première tient au fait que, si tu as honte d'être classé parmi les dessinateurs médiocres, cette honte t'obligera à bien travailler.
En second lieu, une bonne émulation te stimulera à faire partie de ceux que tu admires le plus, et les louanges d'autrui t'aiguilleront.
Une autre réside dans le fait que tu peux ainsi prendre exemple de ceux qui font mieux que toi.
Enfin, si tu es meilleur que les autres, tu tireras profit à éviter les erreurs, et les éloges des autres accroîtront ta valeur."

Léonard de Vinci *(extrait du Traité de la Peinture)*

"Africarabie", toile de 2,50m de haut sur 3,50m de large exécutée en 1998 par l'auteur pour Explorator.

Peinture réalisée en des temps anciens par un anonyme sur l'une des cimaises de pierre du Tassili n''Ajjer. Elle semble illustrer des Touareg tentant de repousser l'avancée des Arabes.

PRÉFACE

AUTOMNE 1998

Etienne Van Den Driessche investit et transforme mon bureau en atelier d'artiste, pour peindre "Africarabie", l'œuvre que nous lui avons commandée et qui se trouve, depuis, en place d'honneur chez EXPLORATOR.

Pendant le séjour artistique d'Etienne, EXPLORATOR recevra la visite de ses amis touaregs, Rhissa ag Boula de l'Aïr, Mokhtar Zounga de l'Ahaggar et Hamou Dahou de l'Ajjer. C'est le point de départ d'une amitié entre l'artiste et les hommes du désert.

De cette rencontre naîtra "Touareg, le Souffle Bleu", livre qui va se révéler être le premier ouvrage d'une collection naissante. Pour celui-ci, le peintre-auteur s'est immergé pinceaux à la main dans le Sahara des Touaregs du Niger.

Et puis le livre connaît, par son projet novateur, le succès que l'on sait, mêlant inextricablement photographies, dessins et la vie dans toute sa simplicité et sa saveur telle que nous la restitue le texte de l'auteur.

AUTOMNE 2000

Et l'Algérie ? l'Ajjer et l'Ahaggar ? soufflais-je un jour à Etienne. La reprise de nos voyages dans le Sahara algérien que nous avions décidée fin 1999 s'était révélée un succès : nos voyageurs nous ont suivis, ils repartent dans le Grand Sud ! Etienne et son acolyte photographe, François Folcher, ne se font guère prier : il n'aura fallu que quelques semaines de préparations rondement menées pour que nos deux compères se retrouvent accueillis par Hamou Dahou en Ajjer et Mokhtar Zounga en Ahaggar.

Et voici "Sahara noir et blanc" tout imprégné de l'esprit de Charles de Foucauld dont la mémoire vivante vient transfigurer ces lieux arides et grandioses.

Merci à Etienne Van Den Driessche et à François Folcher d'avoir si magnifiquement saisi par leur art respectif l'indicible beauté de ces lieux éternels.

Hervé Tribot La Spière
Président Directeur Général d'EXPLORATOR

Dans le Grand Sud, la pierre revêt parfois l'habit de l'homme bleu.

AVANT PROPOS

Carte de l'Algérie et son drapeau dessinés par Alansari Badi, élève de la première primaire de l'École d'Outoul dans l'Ahaggar.

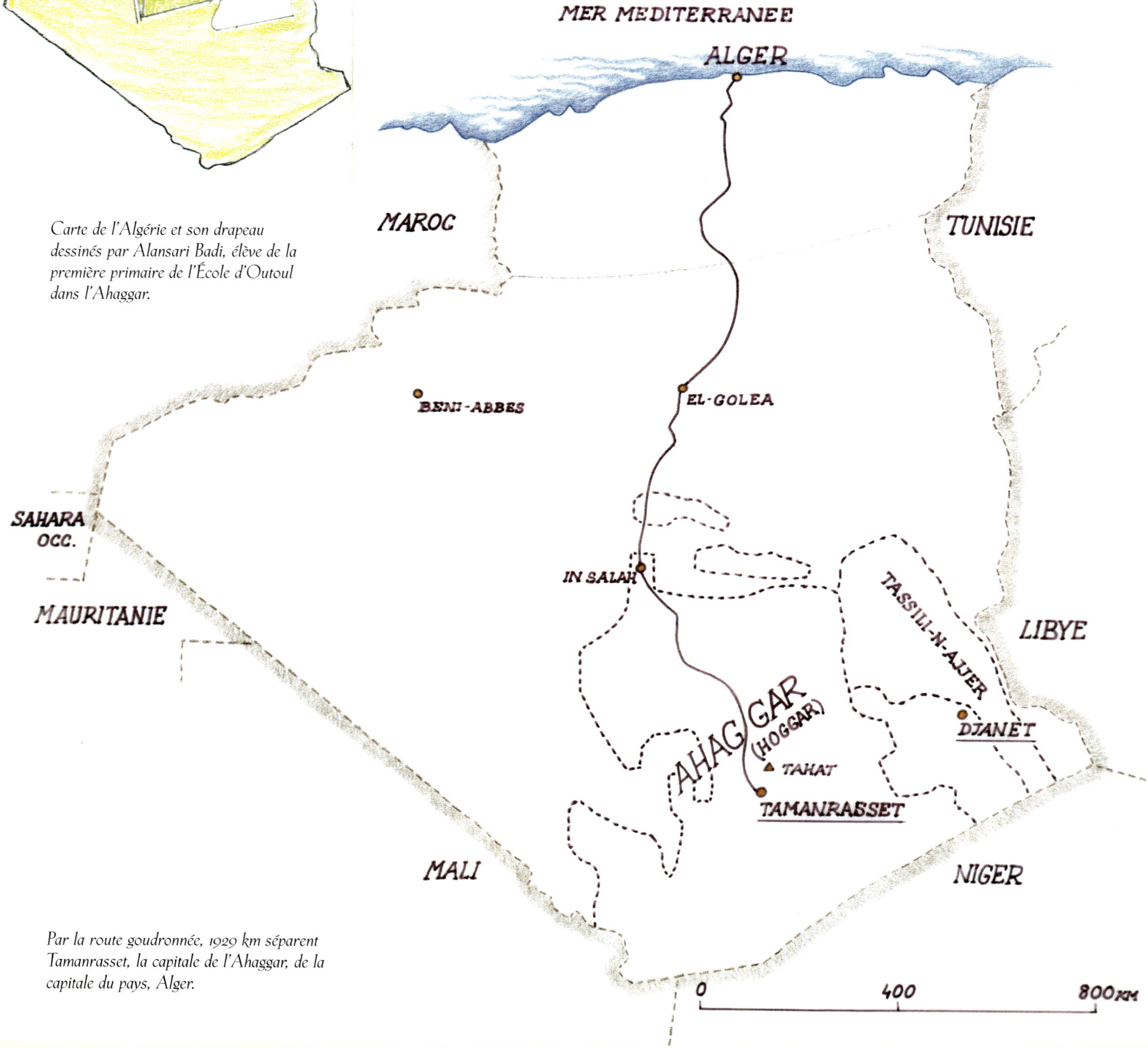

Par la route goudronnée, 1929 km séparent Tamanrasset, la capitale de l'Ahaggar, de la capitale du pays, Alger.

Le 31 octobre 2000, dans l'aéroplane qui me transborde avec le photographe François Folcher d'une rive à l'autre de la Méditerranée, je lis en pages 16 et 17 du quotidien "El Moudjahid" le chapitre intitulé : "La Révolution du siècle". Il est des blessures qui cicatrisent mal ; la Guerre d'Algérie en est une.
Le lendemain, quarante six ans après le début de la révolte qui a abouti à la proclamation de l'Indépendance du plus grand pays du Maghreb, nous quittons au lever d'un jour nouveau le tarmac de l'Aéroport Boumediene pour atterrir deux heures quarante cinq minutes plus tard sur celui plus modeste de Djanet, la capitale des Kel Ajjer.
Lors de ce vol qui nous permet de traverser quasiment l'Algérie du Nord au sud tout en nous approchant de la frontière avec la Libye, autre Terre touarègue, le désert saharien se dévoile dans toute sa grandeur. De temps à autre, je distingue par le hublot des ronds dessinés sur le sable. Ils donnent l'illusion que des gouttes d'eau géantes sont venues terminer leur course sur le sol ocre jaune. En leur cœur, sont des oasis semblables à des îlots perdus au milieu de l'océan. Parfois des monticules de sable et de roches mêlés, comparables à des taupinières, laissent croire que ce coin du Sahara est un gigantesque jardin où l'herbe d'ailleurs se fait rare. Vues du ciel, les multiples structures de sable, la diversité des reliefs et la palette des coloris du plus grand désert du monde offrent aux yeux émerveillés un spectacle grandiose qui s'avère véritablement sublime quand, d'un coup d'aile entre Djanet et Tamanrasset, "Tam" pour les intimes, nous survolons une semaine plus tard le cœur de l'Ahaggar, l'Atakôr.
Survoler la beauté du Grand Désert n'est qu'une simple mise en bouche pour celui ou celle qui pose le pied pour la première fois sur cette terre hors normes.
Sur les 2 381 741 km2 que couvre l'Algérie, le Sahara en occupe les quatre cinquièmes et gagne chaque année plusieurs milliers d'hectares. Il renferme d'innombrables richesses naturelles qui permettent au pays de satisfaire ses besoins énergétiques. Ce qui, vous en conviendrez, n'est pas négligeable. Grâce à cela, le litre d'essence coûte ici moins d'un franc cinquante. Depuis quelque temps, le gouvernement algérien est en pourparlers avec des compagnies sud-africaines pour extraire l'or et le fer de l'Ahaggar. Puisse l'Atakôr en être exsangue.
95 % des recettes perçues par le pays proviennent du pétrole, du gaz naturel, du fer, de l'or, du phosphate, de l'uranium, du plomb et du zinc. Il est une richesse tout aussi naturelle qui peut rapporter gros au regard du gisement qui semble illimité, c'est le tourisme. Le moins que l'on puisse dire, c'est que jusqu'à ces derniers temps cette activité était sous-exploitée par les autorités.

Coupe de la CAF
Les «Canaris» tout près du but
Belayachi, un entraîneur heureux

Finale demain de la Coupe d'Algérie
Entrée gratuite au stade du 5-Juillet

4 Chaâbane 1421 - Mardi 31 Octobre 2000 — N° 10961 Nouvelle série — www.elmoudjahid-dz.com
EL MOUDJAHID
LA REVOLUTION PAR LE PEUPLE ET POUR LE PEUPLE

Réunion hier du Conseil des ministres
Réforme de la justice
La priorité du Président
Le Chef de l'Etat a donné des orientations pour traduire au plus tôt, sur le terrain, les recommandations de la CNRJ.
Clôture de la Conférence nationale

AKAR AKAR

Afin de développer le tourisme dans le Grand Sud, il fut un temps où le gouvernement algérien offrait un 4x4 à tout autochtone qui créait une agence de voyage dans la région.

Il est vrai aussi que les "événements" n'ont pas arrangé les affaires du tourisme. Tout le pays en a pâti et en pâtit encore, au grand dam du Grand Sud pourtant fort éloigné des faits tragiques qui continuent à ensanglanter le Nord du pays. Le Grand Sud algérien subit de plein fouet la défiance des voyageurs, tout particulièrement des Français. Malgré la visite des Germains qui eux n'ont jamais cessé de venir, les Sudistes ont du mal à se remettre de la désaffection générale. Pour donner un coup de pouce à cette activité qui se pourrait être lucrative, le gouvernement avait tout de même offert à tout autochtone qui créait une agence de voyage, un véhicule 4x4. Mais voilà, nombre de pseudo-voyagistes ont revendu ce véhicule au marché noir ou en ont profité pour multiplier les trafics en tout genre. Suite à ces agissements condamnables, les autorités ne font plus de cadeau dans le tout-terrain. En revanche, elles aident l'agence qui se porte acquéreur d'un véhicule de tourisme "lambda". En apprenant cela, je ne trouve plus du tout étonnant qu'il y ait plus d'une centaine d'agences de ce type à Tamanrasset. A peine un petit tiers d'entre elles survit. Parmi ce tiers, seule une partie réussit à tirer son épingle du jeu. C'est le cas, entre autres, de l'agence Akar-Akar fondée en 1973 par un homme de terrain, un Touareg, Mokhtar Zounga. Cette agence de voyage est tout simplement la première organisation touristique privée à avoir vu le jour dans le Sahara, et son nom est celui d'une montagne proche de la ville qui a joué à plusieurs reprises un rôle important dans la vie de son créateur. Pour les Touareg, Akar-Akar signifie équilibre.

A propos d'équilibre, c'est justement le calme qui règne sur les 530 000 km² du massif de l'Ahaggar et sa capitale, Tamanrasset, distante d'Alger de quelques 1 300 kilomètres à vol d'oiseau ou de 1 929 kilomètres par la route asphaltée. En cette terre intérieure qu'est l'Ahaggar, d'autres montagnes que l'Akar-Akar marquent les esprits. Aux dires des Kel Ahaggar, certaines d'entre elles se sont même querellées, et de nous conter qu'en des temps fort anciens il y eut les prises de cœur entre Ilamane et Amjer pour Tahat et Tahalarat.

Panneau indiquant la distance qui sépare par la route ces villes de Tamanrasset.

A droite, Ilamane vu du sommet de Tahat. Sur le carnet, Ilamane (à gauche) et Tahat (à droite) vus du plateau de l'Assekrem. Ci-dessus Hamou Dahou apposant en Tifinar (l'écriture des Touareg), le mot "Tassili" sur la toile "Africarabie".

Parmi les quatre montagnes que je viens de citer, le bel Ilamane et la belle Tahat s'illustrent à merveille dans le présent ouvrage. Après avoir approché et gravi quelques monts de ce massif de taille, je comprends pourquoi des personnes comme le Père Charles de Foucauld décident un jour de vivre et de mourir en son cœur, l'Atakôr.

Le Tassili n'Ajjer quant à lui, tant pour sa beauté envoûtante que pour sa plénitude, n'a rien à envier à l'Ahaggar. En son oasis principale, Djanet, il est un autre Touareg, Hamou Dahou, qui dirige une agence de voyage dont le nom se réfère aussi à une montagne, Timbeur. Celle–ci domine l'oasis qui se dresse à l'ombre du Tassili n'Ajjer. L'immense plateau, dit des rivières, n'est autre que la plus vaste galerie à ciel ouvert de la terre où s'expose au milieu d'un monde fantasmagorique l'art rupestre dans toute sa splendeur. C'est aussi, paraît–il, la plus importante réserve naturelle de ce bas monde pour ce qui est de la faune et de la flore. Le Tassili n'Ajjer est, comme le Parc National du massif de l'Ahaggar, classé patrimoine mondial de l'humanité par l'Unesco, c'est vous dire !

Peintures grandeur nature sur le Tassili n'Ajjer.

A l'instar du Kel Aïr Rhissa ag Boula, c'est en septembre 1998, autour de la toile intitulée "Africarabie" que j'ai réalisée pour Explorator, que je rencontrais pour la première fois le Kel Ajjer Hamou Dahou et le Kel Ahaggar Mokhtar Zounga.

Ce troisième livre de la présente collection peut être considéré comme le second tome de "Touareg, le souffle bleu".

Alors que le premier souffle bleu me guidait dans l'Aïr, au Nord du Niger, le souffle bleu nouveau me permet, avec le regard complice du photographe François Folcher, de vous convier à me suivre, au rythme du pas de l'âne et du chameau, dans le Grand Sud algérien en compagnie de Touareg. Ensemble, nous allons parcourir plusieurs centaines de kilomètres dans les régions de Djanet et de Tamanrasset afin que s'illustre à nos yeux un petit coin du Sahara, le Tassili n'Ajjer et le cœur de l'Ahaggar, l'Atakor. Pour les hommes bleus, la pierre, "Nadrar", est noire et le sable, "Zézil", est blanc, et "Sahara noir et blanc" se traduit tout simple–ment par : "Oudjalan".

Vandendriessche E.

Etienne Van Den Driessche

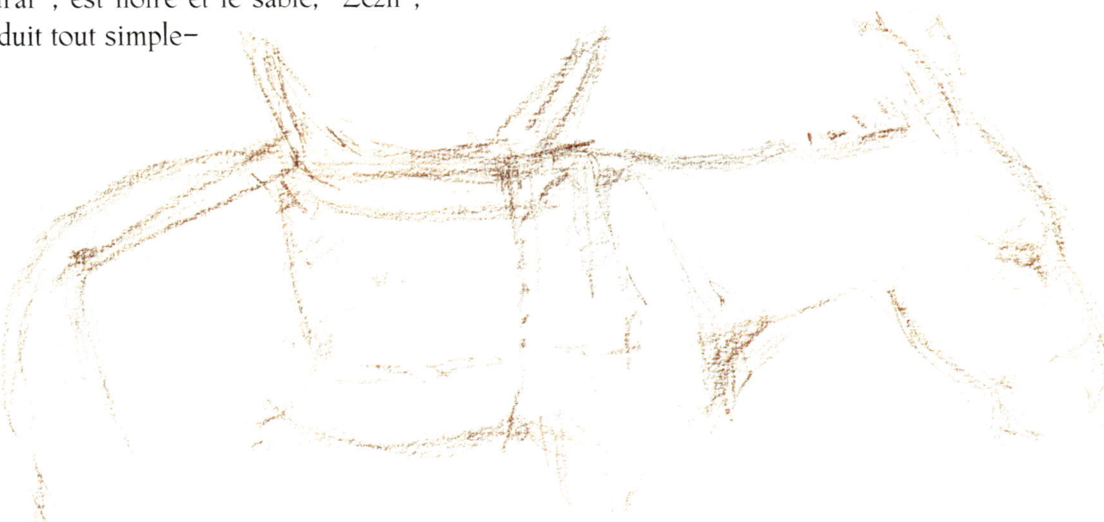

DANS LE SAHARA

Les Touareg Hoggars et Taïtogs font leur s

UNE HISTOIRE BLEUE ET TRICOLORE

Le Capitaine Dinaux recevant, en 1902 à In-Salah, la soumission des Kel Ahaggar et des Taïtoq des mains de leur chef respectif dont Moussa ag Amastane qui est assis au milieu des siens.
(4ème de couverture du "Petit Journal" du dimanche 26 novembre 1905/n°784)

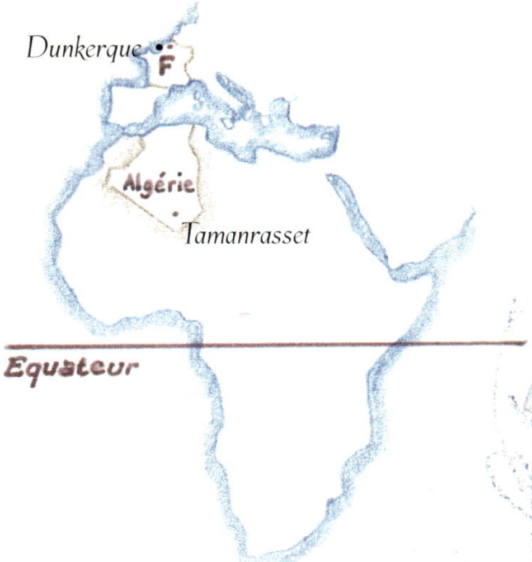

Kel Ajjer lors de la
Sébiba à Djanet

Kel Ahaggar.

De Dunkerque à Tamanrasset,
tel aurait pu être aussi le territoire des Touareg.

Aujourd'hui la population algérienne est composée de 99% d'Arabo-Berbères, et les Européens ne représenteraient pas 1%. 94 % des habitants vivent dans le Nord du pays entre l'Atlas et la Mer Méditerranée, soit sur 17% du territoire. Sur un peu plus de trente millions d'âmes, les Touareg seraient tout au plus 40 000. Leur terre d'élection est avant tout le Grand Sud, où se situent Tamanrasset et Djanet. L'arrivée des hommes bleus dans cette contrée daterait du temps où la légende veut que deux femmes, Tin Hinan(*) et sa servante Tekama, soient venues du Maroc au quatrième siècle. La première aurait enfanté une fille, voire trois filles selon les dires, qui auraient donné naissance à trois tribus distinctes : les Kel Ghela, les Taïtoq et les Tégéhé-Mellet. La servante aurait eu quant à elle deux filles à qui l'on doit les Dag-Ghali et les Ayt-Loayen. Par leur origine, ces deux tribus sont les vassales des trois premières. Mais celle qui domine l'ensemble est la tribu des Kel Ghela au sein de laquelle fut nommé au début du XVIIIème siècle le premier Amenokal des Kel Ahaggar (le chef des Touareg de l'Ahaggar). C'est en 1975, à Tamanrasset, que fut désigné leur dernier Amenokal, Bey ag Akhamoux.

Dans l'Ajjer, les tribus portent, entre autres, les noms d'Imenan, d'Ouraghen ou Ougharen, d'Imanghasaten et de Kel Djanet. Si dans cette contrée la légende a aussi son mot à dire, la réalité nous rapporte que l'entente entre les Kel Ajjer (ceux de l'Ajjer) et les Kel Ahaggar (ceux de l'Ahaggar) n'a pas toujours été des plus cordiales. Plusieurs poésies touarègues relatent ces faits d'armes. Ces querelles à répétition ont mis à mal la domination que ces deux clans avaient sur d'autres hommes bleus. Au début du XXème siècle, ces divergences ont plutôt servi la pénétration coloniale. Aujourd'hui, je tiens à vous rassurer, le crêpage de "Tagoulmoust" (le chéche indigo) a cessé, du moins en apparence.

Si j'ai commencé ce chapitre en mentionnant le faible taux de la population des Européens vivant aujourd'hui dans le pays, c'est que ce taux n'a pas été toujours aussi infime. Jusqu'à une époque récente, du côté des Français ce taux était non négligeable, et pour cause : le territoire algérien fut partie prenante de la France du 5 juillet 1830 jusqu'à son indépendance proclamée le 1er juillet 1962. Il fut un temps, si je ne me trompe pas, où le Général De Gaulle souhaitait, après avoir lancé son célèbre "Je vous ai compris", que la France s'étende de Dunkerque à Tamanrasset. C'est sans doute pour cette raison que la plupart des Touareg que nous avons rencontrés nous disaient que nous étions ici chez nous et qu'ils nous préféraient, nous les Français, aux autres Européens. Aujourd'hui, il existe encore plus de 300 000 tombes françaises à travers le pays. Avant d'aborder l'arrivée des Français dans le Grand Sud, je tiens à préciser que cette préférence de cœur ne nuit en rien à l'accueil que les hommes bleus réservent à nos voisins communautaires.

Photo Stéphane Desombre

**La tombe que l'on attribue à Tin Hinan se trouve à Abalessa et daterait du IVème siècle.*

Photo Stéphane Desombre

Une troupe guerrière, telle que celle des méharistes, commandée par un Européen, s'appelait au temps des colonies une "Elmekallet". Au pluriel ce terme devient "Elmekalletin".

Dès le VIIIème siècle, les Arabes sont les premiers étrangers à s'aventurer en ces terres où, au contraire de la femme, l'homme porte le voile. L'Ahaggar devient alors le Hoggar. Le premier européen à entrer en contact avec les Touareg serait un Anglais, Friedrich Hornemann, à la fin du XVIIIème siècle. Jusqu'au début du XXe siècle, pour se déplacer et étudier sans trop de difficultés en ces territoires où l'Islam prend plus ou moins rapidement le pas sur l'animisme naturel des hommes bleus, un chrétien est souvent obligé de se "grimer" en personnage local, ce qui implique de sa part un savoir certain sur la culture environnante. Grâce à ce subterfuge, Heinrich Barth, un explorateur allemand travaillant pour l'African Association de Londres, est celui qui a vraiment porté la vie des Touareg à la connaissance du monde occidental. Lors de son voyage, Barth se métamorphose si bien que ses hôtes le prennent pour l'un des leurs. Ainsi, de 1850 à 1855, il parcourt en grande partie seul un peu plus de 16 000 kilomètres qui, tout en passant par le Tassili n'Ajjer, le mènent à Tombouctou, cette ville longtemps interdite aux chrétiens. Pour finir, il remonte à Tripoli d'où il regagne la capitale anglaise. Cette aventure extraordinaire fait des émules. Parmi eux, se trouve un jeune Français, Henry Duveyrier. Celui-ci entreprend en 1859, alors qu'il n'a que dix-huit ans, un voyage qui le conduit trois ans durant à vivre avec les Touareg, plus particulièrement dans le Tassili n'Ajjer. Il part par simple passion pour un peuple qui jusqu'alors inspire encore la peur et que certains comparent au Diable.

De ce voyage en terre bleue naît, en 1864, un ouvrage intitulé "Les Touaregs du Nord". Ce livre est plus qu'un simple récit de voyage. Alors que nous sommes entrés dans le troisième millénaire, le "Duveyrier" comme on dit aujourd'hui est une véritable mine d'or pour celui qui recherche un filon sur la richesse de ce peuple hors norme et sa terre. Cette publication qui lui amène la gloire, le pousse, dix-huit ans plus tard, au suicide. Les dires contradictoires et les accusations de naïveté, de complaisance émise, entre autres, par les militaires, surtout après le massacre de la mission Flatters survenu en 1880, ont eu raison d'Henri Duveyrier. A l'époque, la France essaye de renforcer sa place dans le Grand Sud et pour entrer en contact avec les Touareg, ces "pirates du désert", le port de gants blancs n'a pas toujours été de rigueur ce qui occasionne évidemment des représailles de la part des dits pirates. Le carnage précité refroidit les autorités françaises dans la conquête de ce territoire aujourd'hui chaleureux, et dix années s'écoulent avant que la France ne s'engage à nouveau.

L'arrivée des Arabes n'a pas marqué que les esprits, la pierre aussi.

Photos Stéphane Desombre

La vaillance et les loyaux services des hommes bleus s'affichent sur la poitrine de l'un d'eux.

Ce nouvel engagement est bénéfique puisque les troupes tricolores, sous le commandement du Général Lyautey, reprennent peu à peu le dessus sur les bandes bleues. C'est ainsi que les Kel Ahaggar avec leur Aménokal Moussa ag Amastane et les Taïtoq finissent, en l'oasis d'In-Salah, par déposer les armes aux pieds du capitaine Dinaux. Nous sommes en 1902, le Lieutenant Cottenest vient de donner enfin à la France une victoire sans partage sur les Touareg. Avec 130 hommes, il contourne l'Ahaggar et c'est à Tit, en prenant le dessus sur 300 Touareg, qu'il met un terme à la suprématie des hommes bleus dans l'ensemble du Grand Sud. Maintenant que les Touareg ont abdiqué, les missions militaires peuvent être remplacées par des missions dites d'apprivoisements qui toutefois ont à leur tête des gradés. L'un d'eux, Marie-Joseph François Henry Laperrine d'Hautpoul dit Laperrine, fait encore parler de lui dans l'Ahaggar où l'un des pics qui dominent Tamanrasset porte son nom.

Cet homme d'exception est à l'origine des fameuses compagnies sahariennes qu'il crée le 30 mars 1902 et au sein desquelles, comme méharistes, vont s'enrôler beaucoup d'hommes bleus. Après avoir parcouru de long en large le Grand Désert à chameau, Laperrine disparaît tragiquement à l'âge de 60 ans, le 20 mars 1920, entre In Guezzam et Tin Zaouaten, à Anesbaraka, dans le crash de l'avion avec lequel il tente la première traversée aérienne du Sahara. Ce n'est donc pas en tombant du pic portant son nom, comme le véhiculent certains guides, que Laperrine a rendu l'âme. Son corps reposa tout de même à Tamanrasset à côté de celui de son meilleur ami jusqu'en 1963 pour être ensuite transféré en France, à Carcassonne. C'est à lui que l'on doit la venue de Charles de Foucauld dans l'Ahaggar. Mais ceci est une autre histoire que je vous conte plus loin.

L'homme bleu tient à sa " Takoûba ", son épée, autant qu'à la prunelle de ses yeux

Les Kel Ajjer ont une tendance à se dévoiler un peu plus que les Kel Ahaggar. Ces derniers gardent encore leur mystère et même leur réputation non fondée d'hommes sanguinaires et sans parole rapportée par des Arabes. Il est tout de même bon de rappeler qu'à l'origine les Touareg sont des animistes ce qui, vous le reconnaissez, ne doit pas les pousser à la violence gratuite, tout au contraire. Mais comme toujours dans ces cas là, les "on-dit" ont la vie tenace et les avis diverges.

Avec l'aide du supplément illustré du "Petit Journal" paru le dimanche 26 novembre 1905 (n° 784, p. 378) je peux continuer le chapitre consacré à une Histoire bleue et tricolore en résumant l'article du dit journal qui se rapporte à la résignation des hommes bleus sous le titre de "Dans le Sahara Algérien / Les Touareg Hoggar et Taïtog font leur soumission à la France" :

"C'est un événement capital pour notre expansion africaine… L'événement s'est produit à In-Ouzel et à Tamaghasset, sous la présidence du capitaine Dinaux, chef de l'annexe d'In-Salah…Les Taïtogs ont payé un impôt annuel de 500 francs en argent…Les Hoggars ont promis de payer un impôt, dont le taux n'a pas été encore fixé…". Sur ce dernier point, les Touareg de l'Ahaggar ou du Hoggar comme disent les Arabes, sont et resteront des hommes bleus à part. Leur territoire de pierres n'est sans doute pas étranger à cela.

Lors des tournées d'apprivoisement, ces différents animaux étaient souvent au menu.

La "Takoûba", l'épée, est l'arme fétiche des Touareg.

Dans le même "Petit Journal", il est, sous la plume de Lacarre, un autre article intitulé "Chez les Touaregs", le premier extrait porte sur les difficultés rencontrées par les Français pour pénétrer le Grand Sud : *"Les premiers essais de pénétration furent malheureux. Tour à tour furent assassinés, en 1874, les explorateurs Dournaux-Duperré et Jaubert ; en 1880, la mission Flatters ; en 1881, les pères Richard et Kermabon ; en 1896, le marquis de Morès...".*

Le deuxième et dernier conte les dires d'un officier à propos des tournées d'apprivoisement organisées sous le commandement de Laperrine : *"Toute l'année nous faisons des randonnées de cette sorte. On part en caravanes n'excédant jamais 150 chameaux, car, au-delà de ce chiffre, on resterait cloué trop longtemps autour du même puits pour abreuver les bêtes. On emporte un minimum de vivres et on compte sur la chasse pour faire l'appoint. Si désolé que soit le désert, il nourrit cependant de grands animaux sauvages. Dans notre dernier voyage, nous avons tué 2 autruches, 2 mouflons, 21 de ces antilopes mohors qui sont grosses comme des vaches, et 415 gazelles. L'appoint est donc sérieux. Et c'est en même temps un moyen d'éblouir les indigènes. Il faut voir leur ahurissement quand nous tirons des bêtes à deux ou trois cents mètres... Notre objet, dans ces tournées, est d'apprendre à connaître les Touareg et nous faire connaître d'eux, d'établir le contact, comme dit le commandant Laperrine. Ces peuples avaient sur nous des préjugés effroyables. L'année dernière encore (en 1903), quand nous paraissions dans une région, ils décampaient précipitamment et mettaient quelques centaines de kilomètres entre eux et nous. Cette année, nous avons constaté avec plaisir que les rapports se sont bien améliorés...".* Cette ultime constatation est sans aucun doute due au fait que les Français étaient porteurs d'armes à feu alors que les Touareg possédaient avant tout des armes blanches. Aux yeux des hommes bleus, une arme à feu est une arme de traître puisqu'elle tue à distance au contraire d'une Takoûba, leur épée, ou d'un Têlek, leur poignard. L'évolution du monde étant ce qu'elle est, les "pirates", sans abandonner pour autant la lame, ont fini par adopter le canon afin d'aborder plus sereinement l'avenir sur leurs vaisseaux du désert. Aujourd'hui, si ce n'est pour la chasse, les armes à feu ne sont pas visibles, elles sont remisées dans des caches tenues secrètes.

Mouflons à manchettes dessinés par Fadimata Lougay élève de la première primaire de l'École d'Outoul dans l'Ahaggar.

Les hommes bleus appellent un fusil ou une carabine comme celle-ci, et ce quel que soit son type, un "Elbaroud".

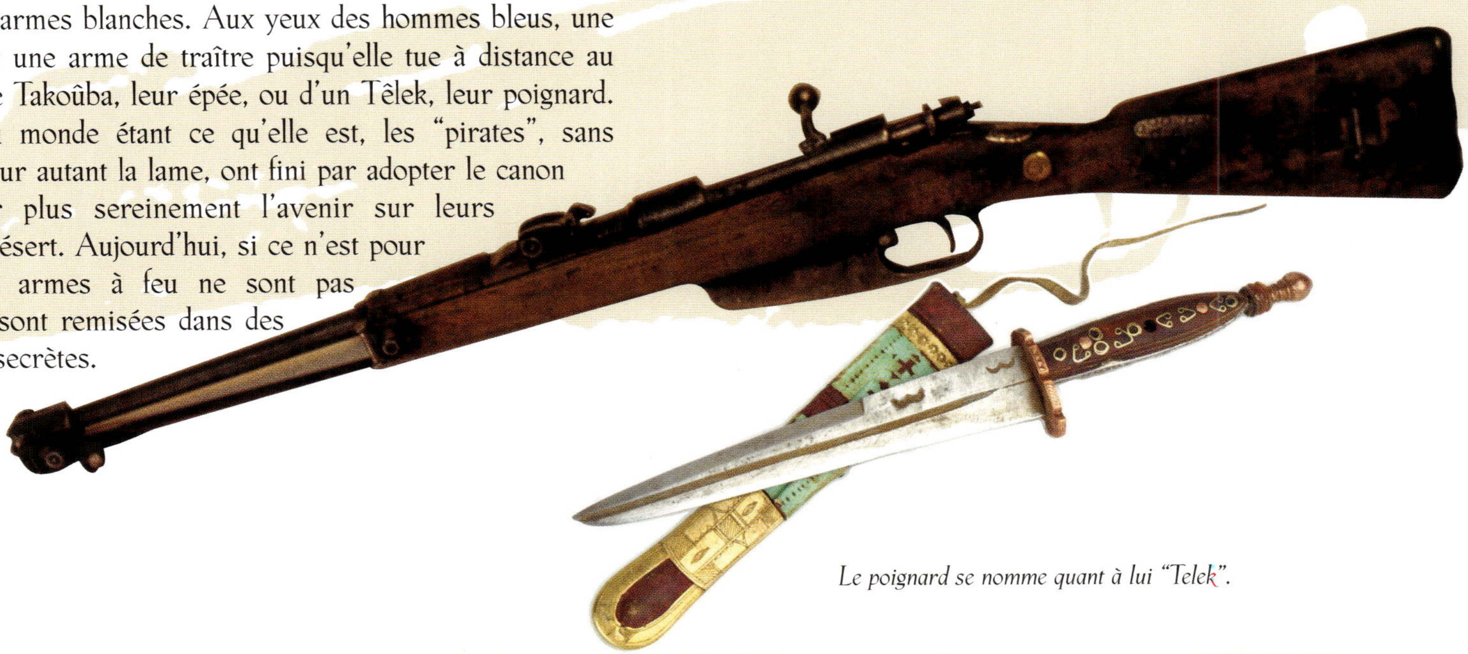

Le poignard se nomme quant à lui "Telek".

"Fort Polignac", aujourd'hui Ilési.

Photo Stéphane Desombre

Avant que n'apparaissent les célèbres compagnies méharistes, est né en 1834 le corps des spahis. Le recrutement de ces cavaliers auxiliaires concernait à l'origine les Algériens avant de s'élargir ensuite aux Français. Indépendance étant, les spahis sont dissous en 1962 avec les méharistes et les goumiers, ces autres cavaliers recrutés au sein d'un goum formé d'autochtones plutôt nordistes.
Jusqu'à la fin de la guerre d'Algérie, les oasis et autres endroits tenus par la France ont porté le nom de "Fort" auquel s'ajoutait le nom d'un militaire reconnu ou d'un homme politique comme pour Fort Polignac, aujourd'hui Ilési : ainsi Djanet s'appelait Fort Charlet, et Tamanrasset, Fort Laperrine.
Dans le Grand Sud, depuis que la France est partie, une autre forme de colonisation a débuté : celle des gens du Nord accompagnés de leur administration, de leur pouvoir d'achat et parfois de leur méconnaissance de la région et des Touareg, ses habitants. Aujourd'hui, du moins l'espèrent-ils, les Nordistes ont prit le dessus sur les hommes bleus et leur désert, ce qui engendre quelques incompréhensions chez les deux parties car leur façon de penser est aux antipodes. En dépit des difficultés qui se présentent, il vous est toujours dit là-bas : *"y a pas de problème"*. C'est ce que je souhaite pour les Kel Ajjer, les Kel Ahaggar et leur désert respectif. Inch Allah !

Photo Stéphane Desombre

Encadré par un méhariste (à gauche) et par un goumier (à droite) un sous-officier français présente l'étandard de la compagnie saharienne des Ajjers à Fort Polignac.

Photo Stéphane Desombre

Passage en revue d'une troupe de méharistes dans les années vingt.

TASSILI N'AJJER
l'Art à fleur de pierre

Sur le plateau dit des Rivières
Des Hommes jadis sans frontière
Sur la pierre ont peint et gravé
Des motifs encore à trouver.

Et c'est ainsi que se dévoilent
En cette terre d'hommes portant voile
Des traits plusieurs fois millénaires
Sur des rochers de l'ancienne ère.

Hamou Dahou anotant en tifinar le dessin de l'auteur illustrant le site de "la Vache qui pleure", à Tegharghart près de Djanet.

LE MOT D'HAMOU DAHOU*
(PDG de l'Agence Timbeur)

Tassili n'Ajjer,
Terre qui m'a vu naître et grandir...
Il m'est difficile, en l'espace d'une préface, de parler de ce désert qui m'est pourtant si familier.
Je laisse les pages qui suivent vous guider avec bonheur vers la beauté des paysages, l'expérience du silence et la Vie de notre désert.

Tassili n'Ajjer,
Terre où le respect de l'Autre et la coexistence dans la tolérance comptent parmi les valeurs fondatrices de la vie en communauté, à laquelle elles donnent son sens véritable.

Parfois, je m'interroge sur la justesse de la signification donnée à ce mot "désert".
Est-il plus facile de vivre là où tout se partage avec son prochain, même la souffrance et le malheur ; là où il y a toujours quelqu'un pour vous tendre la main malgré le vide qui n'est qu'apparence ?
Ou bien est-il plus facile de vivre là où tout se perd dans le gigantisme, et où le sens du mot "ville" n'est que solitude et individualisme ?
Le "désert" est-il là où on l'imagine, ou faut-il le chercher ailleurs...

Berceau des plus anciennes civilisations de l'humanité, le Tassi n'Ajjer est, et demeurera éternellement source de Paix, d'Hospitalité et d'Amour.

Je suis heureux d'avoir pu partager ces valeurs avec mes amis Etienne Van Den Driessche et François Folcher, qui ont donné beaucoup d'eux-mêmes pour faire découvrir aux hommes de la Terre ce Tassili si cher à nos cœurs.

Hamou Dahou

**Hamou Dahaou est un Kel Ajjer "Ougharen". C'est l'une des tribus nobles de l'Ajjer.*

vers l'ERG
ADMER

DJANET

DESSIN DE NOTRE ITINERAIRE

Sur le Tassili n'Ajjer*, les véhicules à moteur sont proscris. Pour s'y déplacer, nous avons le choix entre le dos d'un chameau, le dos d'un âne ou nos pieds. Nous choisissons la troisième solution en ajoutant sept ânes pour le port de nos bagages et autres charges.
En revanche, pour pénétrer au cœur des dunes de l'erg d'Admer, nous nous sommes tournés vers le 4x4.

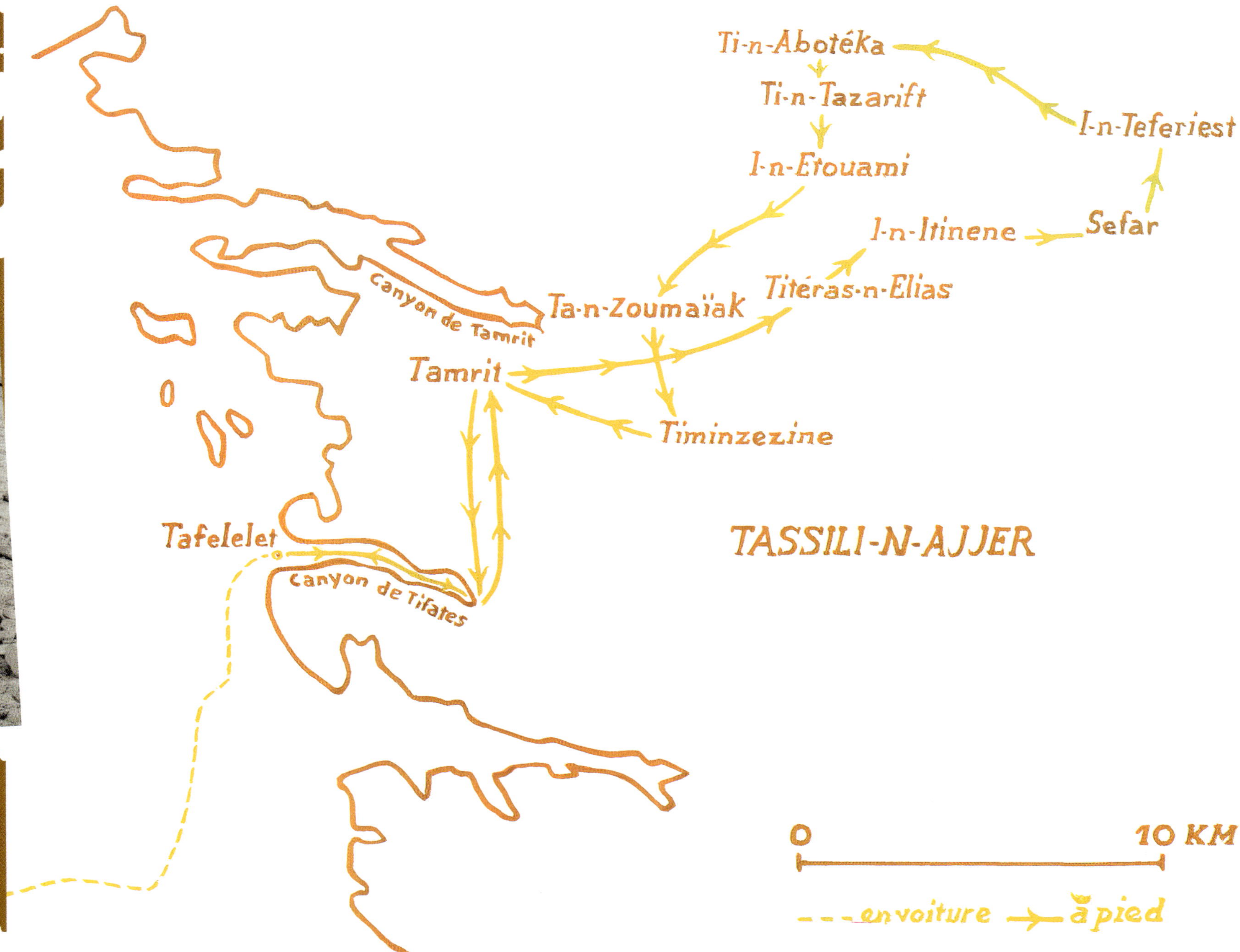

(*) Le Tassili n'Ajjer a une superficie de plus de 80 000 km2. Il s'étire sur 700 km du nord au sud et sa largeur est de 300 km au maximum et de 60 km au minimum entre Djanet et Ghat qui se situe en Libye.

Dans les Ajjers, malgré la présence d'Allah, il arrive parfois que l'"Anier", le Diable, joue un mauvais tour à ses ouailles. Et ce, surtout après que la neige soit tombée.

MISE EN MARCHE VERS LE PLATEAU

Assis en tailleur autour d'un thé vert et de biscuits régionaux, François et moi planifions avec Hamou Dahou, le patron de l'Agence Timbeur, notre aventure "ajjerienne". Chacun d'échanger ses impressions et moi de poser la question : *"A quand les premières neiges sur le Tassili n'Ajjer ?"* Hamou Dahou me répond que celles-ci sont tombées en abondance sur le plateau en 1987. Il nous conte alors l'histoire suivante : *"Une nuit de décembre de cette année là, les flocons tombent drus. Au lever du jour, deux hommes partent à la recherche de leur âne. Arrivés sur le plateau, d'âne point, à la place, un superbe tapis blanc. Ce n'est que lorsque les rayons solaires réchauffent l'atmosphère qu'émerge de la neige la pauvre bête morte. Alors, les deux malheureux s'aperçoivent avec effroi qu'ils sont passés à plusieurs reprises sur un monticule neigeux qui était en fait le linceul de leur bête de somme."* Le pays des âniers est devenu ainsi, le temps d'une nuit, celui de l'"Anier", le Diable en langue bleue.

Le massif de Timbeur fait face au Tassili n'Ajjer, et comme ce dernier, il domine Djanet.

Cette triste histoire n'entame en rien notre enthousiasme d'autant que la température qui règne ce 1er novembre 2000 sur Djanet et ses environs fait fondre tout espoir pour la neige. Demain, au pied du plateau, nous avons rendez-vous avec sept baudets qui ne sont pas du Poitou et qui ne se couvriront pas d'un manteau blanc. Durant six jours, sur le plateau dit des rivières, nos ânes vont tout bêtement porter les victuailles et le matériel.

Au lendemain de la journée anniversaire du début de la guerre d'Algérie, nous évitons la nuit blanche. Toutefois, à cinq heures du matin la voix du Muezzin, diffusée par des haut-parleurs au réglage à revoir et proclamant qu'"*Allah Akbar*" (Allah est Grand), nous sort du sommeil du juste.

Dans les gorges de Tifates.

Tapey, notre guide bleu, et la préparation de la Tagella.

Sous la conduite d'Hamou Dahou, nous rejoignons les longues oreilles en compagnie d'Ali, le cuisinier et de Tayep, notre guide bleu. Là, à l'ombre du pic de Tafelelet, nous rencontrons Moussa et Chousseini, leurs maîtres, qui répartissent sur leur dos la prise en charge. Pour accéder au plateau qui nous domine de six cents mètres, nous empruntons, en laissant derrière nous Hamou Dahou, les gorges de Tifates où les cris des âniers stimulant leurs bêtes donnent l'impression en se propageant dans le canyon que la montagne parle. Cette marche ascensionnelle est une excellente entrée en matière pour nous mettre en appétit et parcourir ensuite d'un pas léger l'immensité du plateau. Ce pas peut cependant s'alourdir si nous abusons de l'excellente Tagella que Moussa, Tayep ou Chousseini nous préparent chacun leur tour. La recette du pain Touareg est toute simple, il suffit de : a) choisir un endroit plutôt sablonneux; b) préparer un feu afin d'avoir de bonnes braises; c) prendre en quantité suffisante de la semoule de blé dur; d) mélanger la semoule à de l'eau dans le but d'obtenir une pâte homogène et non collante; e) pétrir le temps nécessaire ; f) écarter la braise et creuser ensuite le sable en forme d'un plat arrondi; g) poser la pâte dans le trou en l'aplatissant comme il se doit; h) recouvrir l'ensemble avec la braise mêlée à du sable; i) entretenir la braise en l'attisant et poser dessus une marmite dans laquelle vont mijoter des légumes qui peuvent être accompagnés de morceaux de viande; j) ne pas oublier de retourner la Tagella à mi-cuisson; k) au bout d'une bonne heure, sortir de son trou la Tagella; l) nettoyer à l'eau la dite Tagella afin d'éliminer la cendre et le sable incrustés; m) rompre la Tagella en plusieurs morceaux et la mélanger au contenu de la marmite préalablement versé dans une gamelle commune : n) s'en délecter.

Ali, notre cuisinier.

Le pic de Tafalelet.

Chousseini et Moussa, nos deux âniers.

Une aiguille dans les gorges de Tifates.

Lors de votre traversée du désert, pensez à prendre avec vous du bois et des allumettes. Surtout si vous abordez un erg comme celui d'Admer.

En n'utilisant pour le dîner que la moitié de la Tagella, nous grillons le lendemain le reste au feu de bois lors du petit déjeuner. Quoiqu'il en soit, qu'il y ait Tagella ou pas, on ne doit jamais partir dans le désert sans bois. Il se peut en effet qu'en chemin celui-ci soit fort rare. Ce qui, par exemple, est le cas lors de la traversée de l'erg d'Admer qui se faufile en des dunes majestueuses à l'ouest de Djanet sur plus de cent cinquante kilomètres du nord au sud et qui gagne aussi du terrain vers l'est, donc vers l'oasis, et le Tassili n'Ajjer. Au regard de cette langue de sable, François pense tout haut qu'à l'heure des petits matins et des grands soirs, le spectre de la couleur doit s'en donner à cœur joie en caressant toutes ces courbes féminines qui se dessinent au sein d'Admer. Comme la quête de la lumière pour un photographe, la recherche du combustible réserve parfois à l'homme bleu des surprises dont l'une vous sera dévoilée à l'occasion de notre voyage entre "Amis" dans l'Ahaggar.
Pour l'instant nous sommes dans l'Ajjer et d'autres surprises s'offrent à nous.

En l'erg d'Admer, rares sont les marcheurs solitaires. En revanche, y croiser des caravanes venant du Niger qui se rendent à Djanet où dans d'autres oasis des Ajjers est chose courante.

Il est de temps à autres
des gargouilles.

Sur le plateau dit des rivières, l'horizontalité et la verticalité
sont les maîtres mots des lieux.

ART RUPESTRE ET BEAUTES NATURELLES SERVIS SUR UN PLATEAU.

A première vue, en posant le pied sur le Tassili n'Ajjer, la verticalité laisse place à l'horizontalité, mais la "platitude" de ce plateau gréseux et balsatique n'est qu'une apparence. Sur le plateau dit des rivières nous baignons au cœur d'un univers minéral fabuleux où, selon les endroits, nous passons de l'état de lilliputien à celui de Gulliver et vice versa. Tels des poissons dans l'eau, nous nous faufilons dans un monde merveilleux où se mêlent pêle-mêle le sable, la pierre, des cathédrales ornées de maintes gargouilles, des temples antiques et d'aujourd'hui, des châteaux plus ou moins forts et un bestiaire fantastique. Au milieu de cette fantasmagorie toute naturelle, depuis quelques 6000 ans avant notre ère, des peintures et des gravures s'exposent sur des cimaises de pierre. Si le Parc National des Ajjer abrite le plus grand musée d'art préhistorique à ciel ouvert de la planète bleue, c'est qu'il se trouve à un carrefour de moult civilisations. Ceci est donc propice à l'expression artistique.

Il est aussi des bêtes fantastiques.

Bien qu'il soit de pierre, le gardien de Tamrit veille sur la plus vaste galerie de peintures et de gravures du monde.

Familières des Kel Ajjer, ces œuvres rupestres ont vraiment été révélées au monde extérieur à partir de 1957 grâce aux relevés effectués par un des disciples de l'abbé Henri Breuil, le Français Henri Lhote et son équipe. Un demi-siècle plus tard, je constate avec François que beaucoup de ces peintures et de ces gravures ont perdu de leur éclat en raison de l'agression naturelle conjuguée du soleil, du sable, du passage répété des chèvres, sans oublier les rares averses de pluie et de neige. Mais il est une agression beaucoup moins naturelle qui laisse des stigmates indélébiles, celle provoquée par des vandales qui continuent à apposer leurs graffitis et par les pillards dont les traces fraîches attestent de leurs passages permanents. En restant sur place, ces œuvres picturales ont une valeur encore plus inestimable. Difficile de sécuriser cette vaste galerie d'art, et ce ne sont pas les quelques gardiens de pierre, comme celui de Tamrit, qui dissuadent les destructeurs en tout genre. Afin que tout au long du troisième millénaire ces chef-d'œuvres puissent être encore admirés, chacun d'entre nous se doit de respecter ce travail d'un autre temps. Malheureusement, il y a la bêtise humaine, et comme l'a écrit, noir sur blanc, le philologue historien philosophe Ernest Renan : *"la bêtise humaine est la seule chose qui donne vraiment une idée de l'infini"*, il nous est donc permis d'être inquiet. Afin de ne pas altérer à mon tour le trait originel, je laisse à François le soin de vous présenter photographiquement quelques-unes des œuvres réalisées de main de maître par des artistes du néolithique et d'autres temps.

Parmi une foule bigarrée, surgit un diablotin.

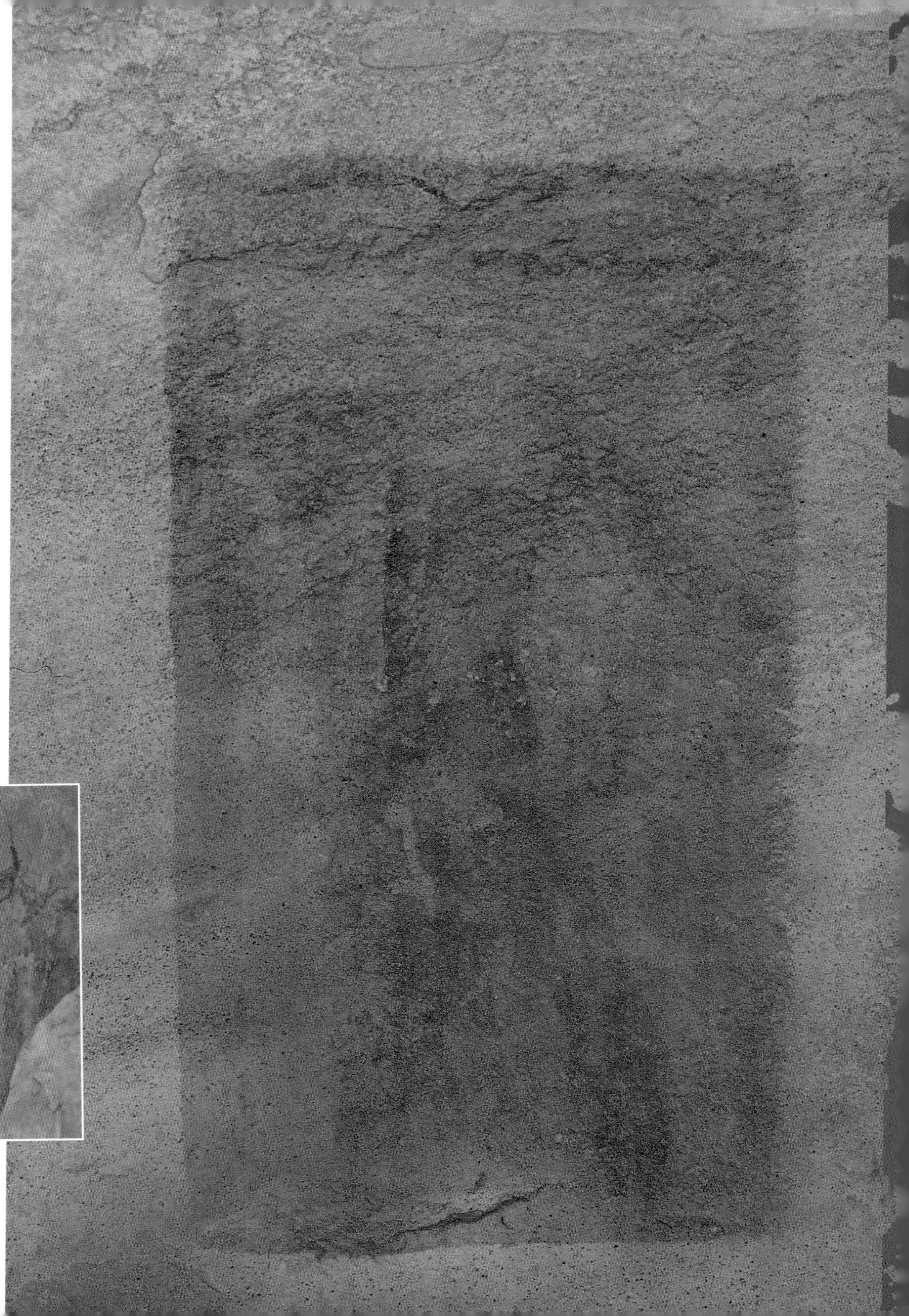

Réalisées d'une main de maître, les peintures ne subissent pas que les agressions dites naturelles. Ici, à droite, un personnage a reçu la visite d'un calque humide.

Au regard de certaines peintures, on est en droit de se demander si c'est bien Christophe Colomb qui a découvert l'Amérique.

Avec ce bison, il est une fois l'Amèrique et son Far–West dans l'Ajjer.
Après cette vision d'un autre monde, les chameaux deviennent alors des animaux exotiques.

Si la faune s'illustre magnifiquement sur la roche, sur le sol nous n'avons pu appréhender que quelques traces récentes de mouflons à manchettes, de gazelles dorcas et deux ou trois coléoptères mêlées à celles de nos ânes. Il est pourtant ici une variété certaine d'espèces, puisque, comme vous le savez déjà, le Parc National des Ajjer est aussi la plus grande réserve naturelle du monde pour la faune et la flore. Malgré cet intitulé, les deux chasseurs d'images que nous sommes ne peuvent exposer à leur tableau de chasse que ces quelques pièces, toutes originaires du pays. Parmi celles-ci, se trouvent le lion et l'éléphant qui depuis des temps reculés, si ce n'est sur la roche, ne marquent plus de leurs empreintes le célèbre plateau.

Pour l'anecdote : c'est en 1758, grâce à un lion provenant de l'Algérie (région de Constantine où le dernier spécimen a été tué en 1893) que pour la première fois l'espèce a été décrite scientifiquement sous le nom savant de "Panthera leo". Dans l'Ahaggar, il est un dicton qui se rapporte au Roi des Animaux : *"Mieux valent cent souris commandées par un lion que cent lions commandés par une souris"*. A défaut de "Panthera leo", c'est le "Acinonyx jubatis", autrement dit le guépard, qui s'est montré à nous. D'un autre côté, nous avons cherché dans les eaux sombres des gueltas du plateau le crocodile, mais manque de "peau" le dernier spécimen a été tué en 1924.

Heureusement se sont exposés à nos yeux, peints ou gravés, des animaux domestiques tels que le dromadaire. L'illustration de cet animal à bosse est l'œuvre faunistique ancienne la plus récente, explication : le dromadaire que tout le monde ici appelle chameau est arrivé, en provenance de la péninsule arabique, dans les contrées sahariennes il y a à peine plus de 2500 ans. La plus vieille représentation d'un dromadaire domestique connue à ce jour s'illustre sur une poterie trouvée dans la région du Caire ; elle daterait d'environ 5 000 ans. Comme vous pouvez le constater, un temps certain s'est écoulé entre sa figuration sur la poterie égyptienne et son apparition sur les roches du Tassili n'Ajjer.

L'"Elou", l'éléphant en Tamâchek, bien qu'absent physiquement est omniprésent. En effet, la structure extérieure des roches ressemble à la peau de l'animal.

Le guépard

Une trace de mouflon à manchettes ainsi que d'autres traces d'animaux mêlées.

Sur les cimaises de pierre du Tassili n'Ajjer, s'exposent des peintures millénaires illustrant à merveilles une faune diversifiée qui en des temps pas si lointains s'ébattait encore en grand nombre sur le plateau.

La pierre, le sable et le végétal. Nadrar, Zézil, Achek.

La flore quant à elle s'épanouit dès qu'elle en a la possibilité. De l'herbe rase, au cyprès élancé, on recense ici plus de cent espèces végétales. Parfois, des arbres épousent la pierre et certains donnent l'impression qu'ils poussent de la roche.

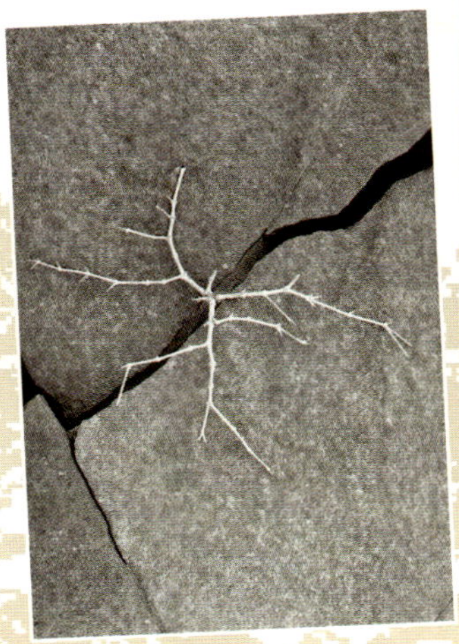

Alors que se couche le soleil, veaux, vaches, cochons et autres créatures se mêlent aux hommes.

De Tamrit à Timinezine en passant par Ta-n- Zoumaïka, Titéras-n-Elias, I-n-Itinene, Sefar, Ti-n-Teferiest, Ti-n-Abotéka, Ti-n-Tazarift et I-n-Etouami, il est des aurores, des zéniths et des crépuscules qui illuminent de coloris exceptionnels et de façon irréelle ce plateau extraordinaire où la température peut s'élever à l'ombre jusqu'à 50° en août et descendre la nuit jusqu'à −10° en janvier. Dans tous les cas et quelle que soit la saison, le Tassili n'Ajjer vous saisit, et la phrase *"J'imagine ce qui existe"* qu'un Kel Aïr m'a lancé lors de mon précédent voyage au Niger prend ici tout son sens. Je vous invite donc à dessiner de tête n'importe quelle forme de rocher, aux détours d'un dédale de pierres, comme par magie, vous avez la surprise de voir celle-ci reproduite devant vous. Non, vous ne rêvez pas ! Sur le plateau, si la tête est souvent dans les étoiles, les pieds sont sur terre puisque veaux, vaches (non folles), et cochons ne manquent pas. Ils bondissent de-ci de-là parmi des hommes, des femmes et des enfants aussi graphiquement que des antilopes et des gazelles.

En compagnie de François, d'Ali, de Tayep, de Moussa, de Chousseini et des sept ânes, nous pouvons tourner la page et partir ensemble en images sur le plateau dit des Rivières.

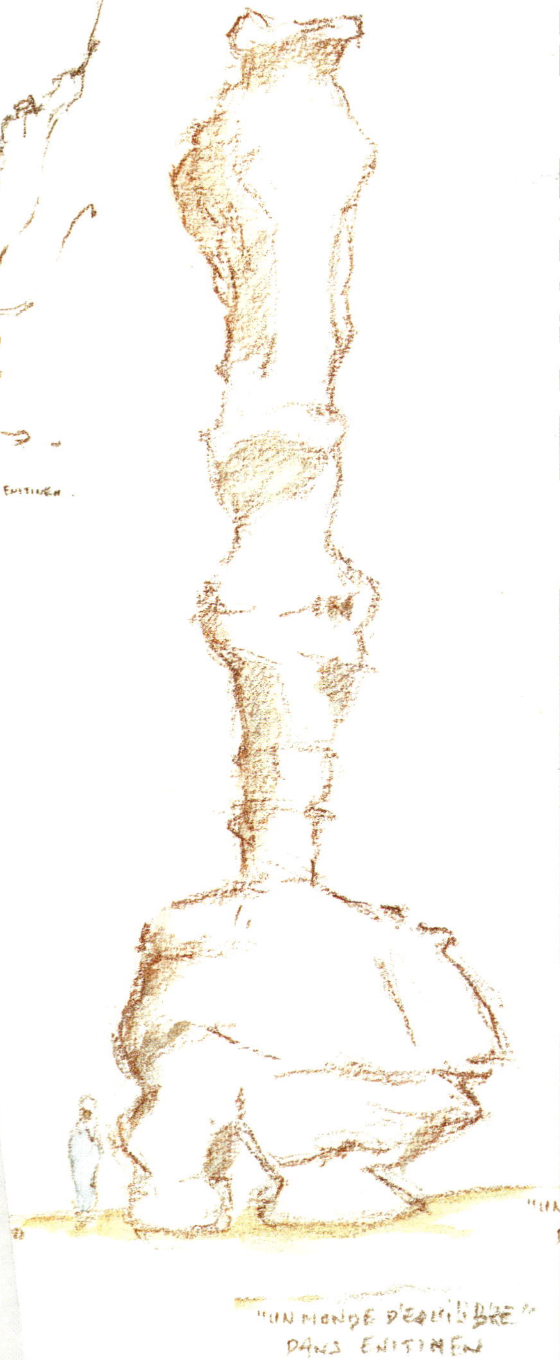

(E)
SAFAR 2e CAMP – LA NUIT TOMBE
le 3 NOV 2000 . ALI, FRANÇOIS, MOUSSA, OUSENI, , TAIEB.

Ceci n'étant qu'une simple entrée servie sur un plateau, nous pouvons à présent passer à table afin de nous délecter des différents plats de résistance que la carte du Tassili n'Ajjer mentionne en page 33.

Spahi de pierre.

TAMRIT

A Tamrit, la pierre témoigne du temps où les troupes françaises ont établi leurs camps lors de la colonie. Un spahi n'a pas quitté les lieux. Il semble veiller sur les vestiges de pierre ainsi que sur la selle de chameau que Dame Nature a sculptée dans un des massifs de Tamrit. A l'époque de l'occupation du plateau par l'armée tricolore, les Touareg appelaient le soldat noir ou arabe qui était enrôlé par les Français, un "Jouji"

Tayep nous montre ci-dessous l'emplacement d'un ancien camp des troupes coloniales.

Et le canyon de Tamrit de se dessiner.

Un monde immensément envoûtant.

ENTRE TAMRIT ET SEFAR

Entre Tamrit et Séfar, si par endroits la pierre se couche à vos pieds c'est pour mieux se dresser ensuite devant votre nez. Parfois, surgissent devant vous des monstres qui semblent venir d'un autre monde. N'ayez crainte, ces créatures étranges restent de marbre et pour cause, elles sont de pierre.

Petit point de vue sur l'univers de Séfar.

SEFAR

Voir Séfar et y revenir, tel est le souhait que j'émets tant la vision des roches aux formes multiples envoûte. Ici, le noir et le blanc ont chacun leur Séfar dans lesquels déambulent aussi bien des mouflons à manchettes, des scarabés, des ânes, que des chameaux.

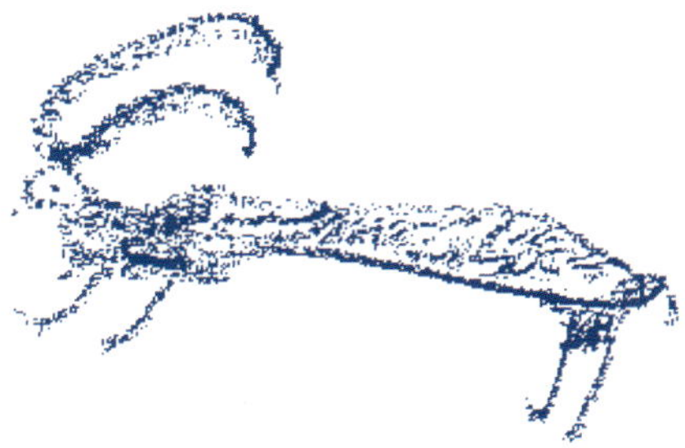

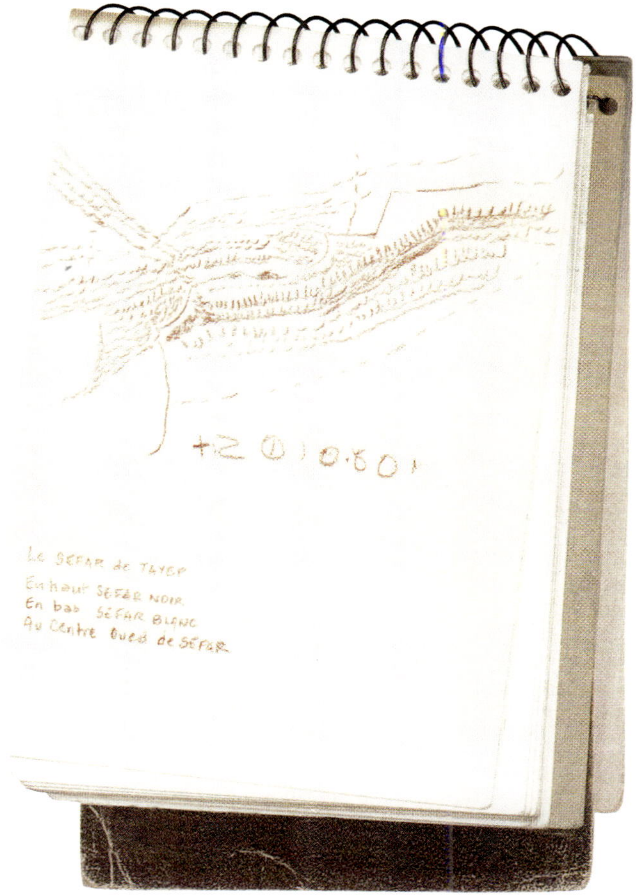

Le dessin sur le carnet et les animaux avec leur nom en Tifinar sont de Tayep, notre guide.

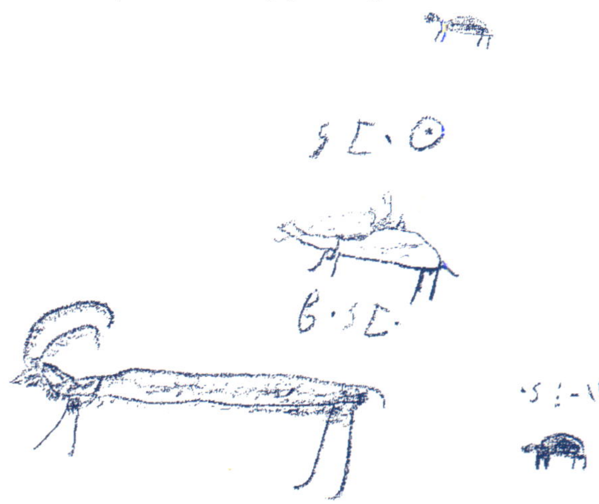

Impression dite Séfarienne ou le jeu de la pierre et du sable.

La guelta de Séfar sépare le noir et le blanc. Il y pousse, entre autres, le laurier rose. En le broutant, le chameau risque de ne plus voir la vie en rose.

Sur cette page est un lièvre. A vous de le trouver. Afin de vous faciliter la tâche, je me permets de vous donner un indice : son oreille gauche s'illumine au soleil.

T-IN-ABOTEKA

Rendez–vous en un lieu où la Libye se dévoile et où le lièvre ne pose pas de lapin. Sur l'une des roches, j'ai l'immense plaisir d'admirer la peinture originale représentant la pirogue et ses hôtes que j'ai reproduite sur la toile "Africabie" réalisée pour Explorator d'après une photo noir et blanc illustrant un ouvrage consacré à l'Homme préhistorique.

Tamrit
La lune
Le mouflon

LA FIN DU PLATEAU

En parcourant à pied une petite partie du Tassili n'Ajjer, nous avons eu l'impression d'assister à la naissance d'un autre monde.

Il est un jour et il est un soir où se dessinent divers motifs sur mes carnets mais aussi le regret de quitter le plateau.

Maintenant, tel Tayep, le plateau se voile à nos yeux dans le canyon de Tifates.

Puisse le Tassili n'Ajjer émerveiller éternellement l'humanité.

Le canyon de Tifates vu du haut du plateau dit des rivières.

La grande photo noir et blanc représente Djanet dans les années 1920. Les autres nous la montrent à la fin du deuxième millénaire, en novembre 2000.

Photo Stéphane Desombre

DJANET, trois oasis en une

Nommée Fort Charlet au temps des Français, Djanet est née de l'union de trois oasis, Adjâhil "Orphelin", El Mihane "Balance" et Azelouaz "Crépuscule". Aujourd'hui peuplée de plus de six mille personnes, la capitale du Tassili n'Ajjer double sa population avec sa "banlieue". Depuis 1998, un long ruban goudronné l'a rapprochée d'Alger. Son image d'oasis perdue au bout du monde est ainsi quelque peu erronée d'autant que les antennes paraboliques fleurissent sur les toits. Située au pied du Tassili n'Ajjer, Djanet est, à ce jour, encore habitée majoritairement de Touareg. Certains Kel Ajjer continuent à utiliser la chaux qui émerge de l'erg Admer pour construire leur maison. Au mois de mars, Djanet s'habille de mille et une couleurs pour la fête de la Sébiba.

De l'erg d'Admer émerge la chaux utilisée pour la construction des maisons de Djanet la blanche.

Situé à 25 km au sud–ouest de Djanet,
Tegharghart, le site de la Vache qui pleure.

Non loin de Djanet la blanche, une vache pleure depuis des temps immémoriaux. Elle verse même des larmes de pierre.
Et beaucoup d'encre et de salive couleront encore pour tenter d'expliquer comment le ou les artistes ont réalisé cette merveille.
C'est pourquoi, de mon côté, je vous laisse tout simplement contempler l'œuvre.

AHAGGAR
Une terre de pierre et de prière

Dans le massif de l'Ahaggar
Il n'est pas rare que l'âme s'égare
Et l'Atakôr, son cœur de pierre,
Vous conduit même à la prière.

Et c'est du haut de l'Assekrem
Pour être près du Dieu qu'il aime
Que le Père Charles de Foucauld
De l'ermitage en fît écho.

LE MOT DE MOKHTAR ZOUNGA*
(PDG de l'Agence de voyage Akar-Akar et Maire de Tamanrasset)

pour mon Ami Mr. etienne van den driche
pour moi homme du deserts
1er la terre n'a qu'un. Soleil.
2e lavache qui se tait cherit plus
que vache qui meugle
autrement dit préfere l'Amour aux
déclarations d'amour
3e l'homme qui boit à la cruche
ne sera jamais un bon guide
4e le desert est un apprentilsage.
retiens le mot apprentilsage:
apprends-tisse-age
pour connaître le desert, il faut l'apprendre
pour l'apprendre, il faut savoir
en tisser toute la realité, et pour faire
l'oeuvre qui alors lie d'une trame croisse
le ciel et la terre, il faut savoir
attendre, prendre de l'Age

TON. Ami
ZOUNGA MOKHTAR / AKAR-AKAR
TAMANRASSET
ALGERIE

*Mokhtar Zounga est un Kel Ahaggar Kel Azzi

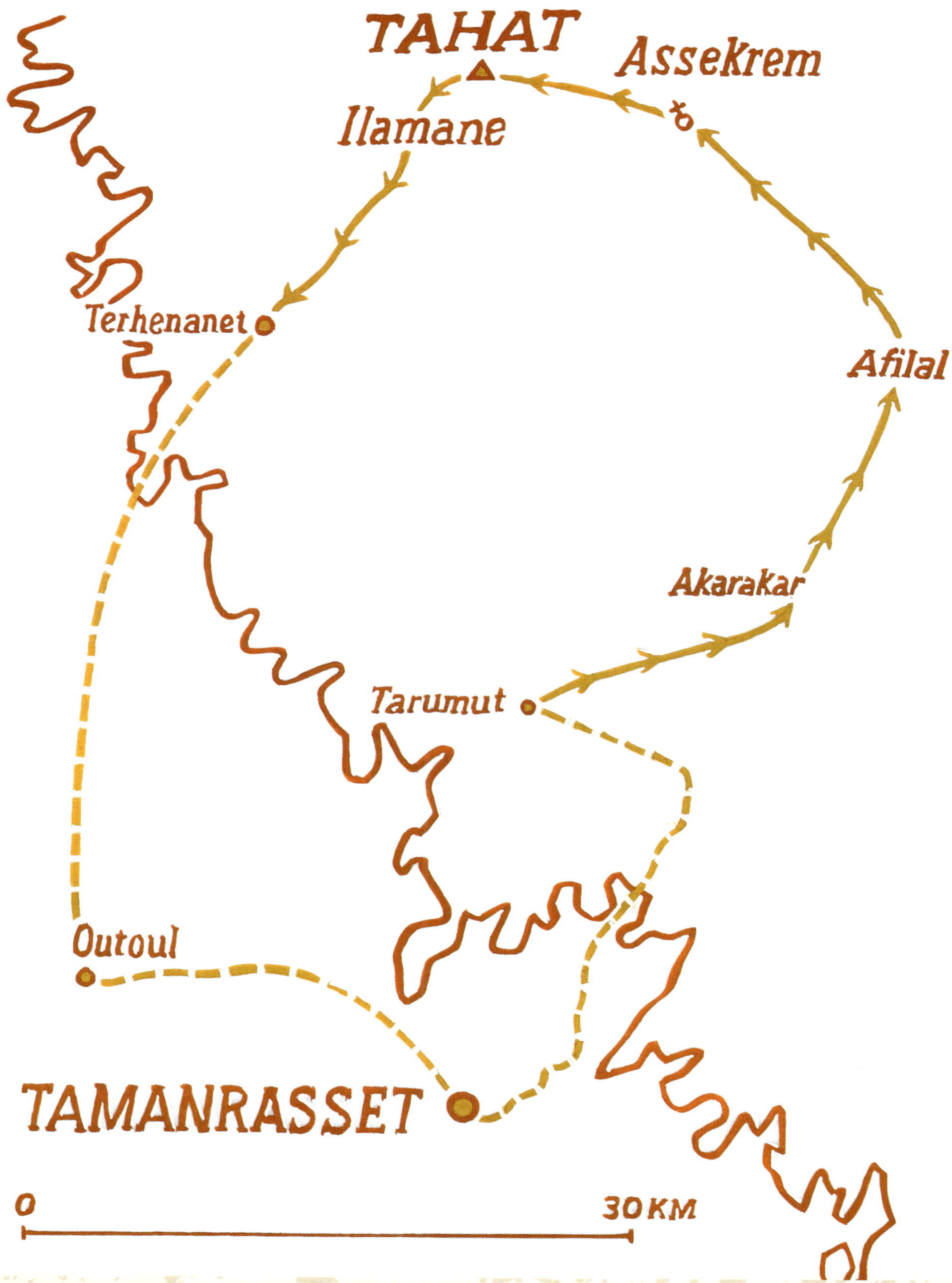
TAHAT
Assekrem
Ilamane
Terhenanet
Afilal
Akarakar
Tarumut
Outoul
TAMANRASSET
0
30 KM

LEVER DE VOILE SUR NOTRE ITINAIRE

"On entasse des pierres au sommet des montagnes. Ces tas s'appellent des "Imeseknân". Quand quelqu'un n'arrive pas à trouver un puits, il aperçoit l'indicateur et trouve l'eau. On met aussi des tas indicateurs le long des pistes lorsque la route n'est pas apparente, en terrain dur ou sol argileux et dénudé."
Imeseknân.
Extrait de "Textes touaregs en prose (dialecte de l'Ahaggar)"
traduit par Ch. de Foucauld et A. de Calassanti-Motylinski.

Pour goûter au cœur de l'Ahaggar*, l'Atakôr**, nous avons choisi la formule méharée. Avec ou sans selle, cette formule permet d'en apprécier toute la subtile saveur.

Le tracé ci-joint, effectué à pied et à chameaux, mais aussi en voiture, n'illustre pas tous les méandres que nous avons dessinés, et sur la carte ne sont mentionnés que les principaux sites que nous avons approchés. Je laisse ainsi à votre imagination tout le loisir de vagabonder. Sachez toutefois qu'il n'y a pas deux personnes, ni deux cartes, qui vous orthographient de la même manière le nom d'un même lieu. Mais comme il est connu que le "Ahaggar" fait bien les choses, cela ne pose pas de problème pour voyager.

**L'Ahaggar est avec ses 530 000 km2 le plus grand massif montagneux d'Algérie.
Le 3 novembre 1987 y fut créé un Parc National d'une superficie de 450 000 km2.
Pour les Touareg, c'est aussi le nom donné au pommeau d'une canne ou d'une épée, voire même, selon leurs dires, à un cri de ralliement et de guerre.*

***L'Atakôr est un massif montagneux de forme ovale situé au centre du pays des Kel Ahaggar. Il est compris entre 23° et 23°30' Lat. N. et 2°50' et 3°40' Long. E., et son altitude varie entre 2000 et 3000 mètres. Ce nom est aussi celui d'une pomme en peau servant avec un manche à frapper un gros tambour appelé "Ettebel". C'est encore le nom donné au pommeau de l'épée des Touareg, la "Takoûba"*

La partie du voile qui masque le front et la bouche s'appelle en Tamâchek, l'"Amaoual".

VOILE DES HOMMES

Les Kel-Ahaggar portent le voile dit Tagulmust. Ils l'abaissent sur leurs yeux quand ils voient des femmes. C'est ainsi que font tous les Touareg depuis les origines. Pour un homme, dévoiler son visage devant des femmes est une honte grave chez eux. S'ils mangent en présence de personne qu'ils respectent, ils le font par-dessous le voile et ils se cachent le visage sous un vêtement pour boire. Un homme qui ôte son voile de sa bouche devant des femmes, c'est comme s'il avait enlevé son pantalon. Un homme ne boit pas devant son beau-père, même s'il est tenaillé par la soif. Les jeunes gens ne peuvent boire devant les pères des jolies filles qu'ils courtisent. Si un jeune homme le faisait, ce serait aussi déshonorant que s'il commettait un vol.
De temps à autre, dans sa tente, l'homme ôte son voile de la bouche. Mais le plus souvent, il reste complètement voilé.
Texte touareg en prose traduit par Ch. de Foucauld et A. de Calassanti-Motylinski.

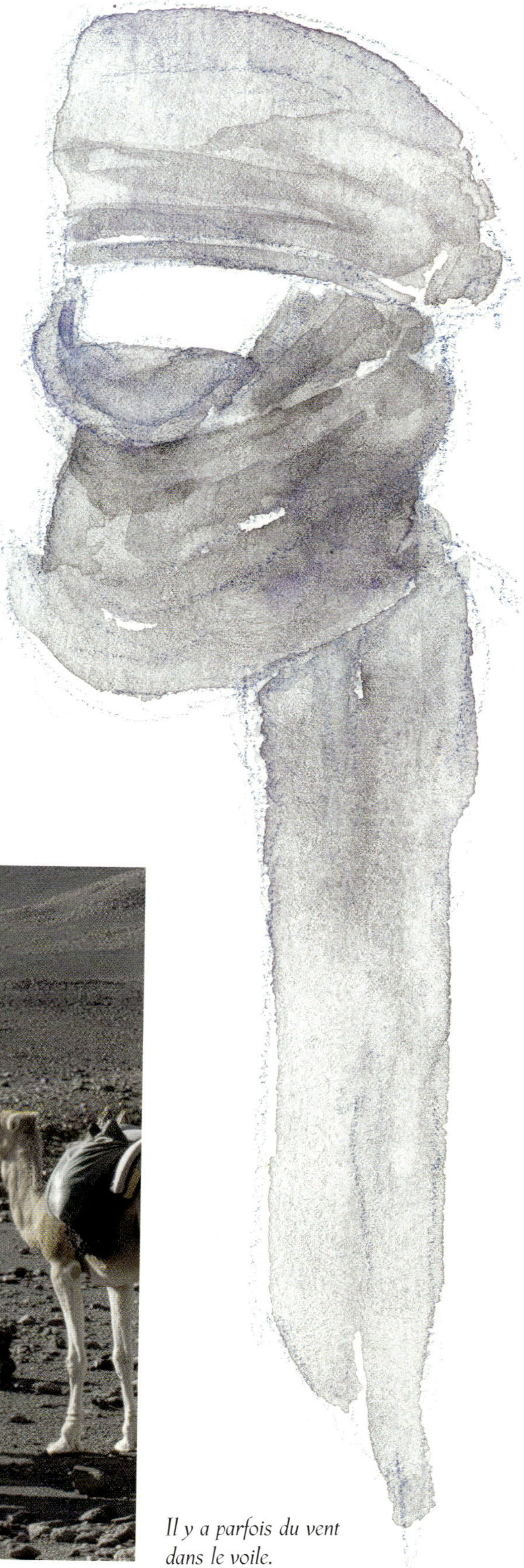

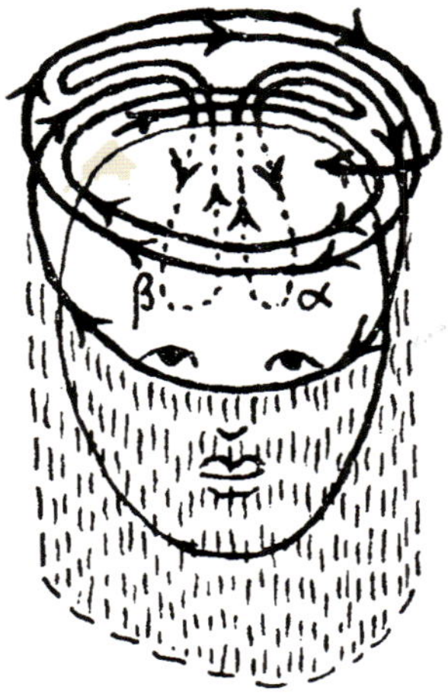

Comment mettre la "Tagoulmoust".
Dessin réalisé par Charles de Foucauld pour son dictionnaire Touareg/Français P.439/Tome 1 (Droits réservés)

Il y a parfois du vent dans le voile.

Un voile vert pour un homme bleu.

Avec le voile, qu'il soit souligné ou non par du kôhl, le regard dévoile la véritable nature de l'homme de l'Ahaggar. A la vue de ces paires d'yeux, cherchez l'intrus !

Nécessaire pour kôhl.

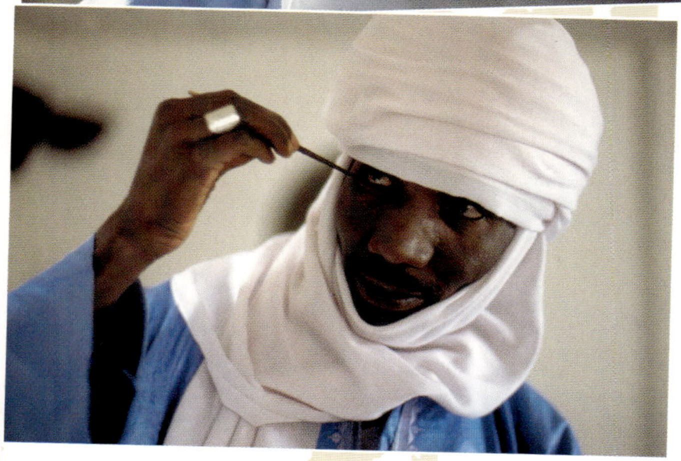

Si le kôhl embellit le regard, il limite aussi les risques d'irritations dues au sable et au soleil. C'est en même temps un antiseptique.

Du velum en peau de chèvres au toit en dur.
Les anciennes façades en banco sont recouvertes de pierres et de motifs peints.

VOYAGE ENTRE "AMIS"

Le 8 novembre, un saut de puce nous permet de quitter la capitale de l'Ajjer et de gagner celle de l'Ahaggar.

Dès notre arrivée à Tamanrasset, nous gagnons Outoul, le lieu de résidence et le hâvre de paix du Maire Mokhtar Zounga. Comme je vous l'ai déjà prècisé, il est aussi et avant tout le Président Directeur Général de l'Agence Akar-Akar, et c'est avec lui que nous organisons notre méharée.

Homme bleu à part entière de la tribu des Kel Azzi, Mokhtar Zounga est un homme massif né dans l'oued de Tamanrasset, à Tamanrasset même. Alors que naissait le XXème siècle, ses grands-parents ont été parmi les tous premiers habitants de ce qui était, à l'époque, un simple campement. Son grand-père a contribué à la construction de la première mosquée de la ville. Son père était en revanche un grand caravanier, ce qui, dès son plus jeune âge, lui a permis de se mettre en selle.

Mokhtar Zounga aime sa ville, et il le prouve. Depuis le début de son mandat, il a entrepris la rénovation des façades de chaque maison et, avec les enfants des écoles, le nettoyage de la ville des sacs de plastique qui jonchent les rues et l'oued qui traverse l'agglomération. Les déchets plastiques sont l'un des maux de l'Afrique. Le maire n'oublie pas ses "frères" nomades. Pour eux et selon leur besoin, il a lancé un programme de distribution d'un millier de toiles de tente beiges qui remplaceront au fur et à mesure les toiles vétustes ainsi que celles dont la couleur bleue fait tache dans le massif.

Quant au velum traditionnel en peaux de chèvres, comme celui exposé à l'office du Parc National de l'Ahaggar, il se raréfie. Si sa ville a une place privilégiée dans son cœur, il est un amour plus fort encore, le Sahara. Pour lui, il s'est engagé lors de son élection au titre de premier administré de la ville en 1998 à n'occuper le poste de Maire que le temps d'un mandat. Le sien expire en 2002. Il veut ainsi se consacrer entièrement à son activité première, le tourisme. Dans ce domaine, la région en a besoin, et c'est en parlant de tout cela que nous préparons ensemble la méharée qui va nous conduire dans le cœur de l'Ahaggar, l'Atakôr. Une nuit nous sépare du départ : maintenant, place aux rêves.

Abdela (ci–dessus), Rabbit (à droite), nos deux chameliers.

“Guitare bidon” et la Tagella.

Le 9 novembre, en fin d'après midi, la méharée n'est toujours pas une réalité. Toutefois, nous nous en approchons. Nous sommes à présent à trente cinq kilomètres de "Tam", à Tarumut le point de départ effectif de notre aventure cameline. Là, se présentent à nous nos deux chameliers, Abdela Melale et son frère Rabbit, accompagnés de leur père, Pouzin, et d'Alies le jardinier de cette petite oasis que nous surnommons "Guitare bidon" en raison de l'instrument dit de musique qui, aux dires de notre entourage, ne le quitte pas. Normal, il en est le facteur, et à sa manière il nous accueille en tentant d'émettre à nos oreilles quelques notes harmonieuses. Mais voilà, malgré un talent qui n'est pas caché, c'est un "CHTONG !" qui retentit ! Ce son très particulier est émis dès qu'une des deux cordes cède, c'est à dire toutes les cinq ou six notes. Chaque lâcher de corde engendre au moins trois minutes de réparation et autant de rigolade. Ainsi, dans la bonne humeur et à la lueur d'un feu et de la lune, nous devisons, autour d'un thé vert et d'une Tagella cuite en partie aux herbes sèches par manque de sable, du déroulement de notre méharée dont le départ est prévu pour demain.

Ici, pour exprimer ce qui peut se passer dans un futur proche ou éloigné, il n'y a que deux mots à dire, et Dieu sait s'ils le sont : *"Inch Allah !"*.

Assis, tout de noir vêtu, Pouzin, le père d'Abdela et de Rabbit.

Malgré les facéties de Rabbit, les femmes détournent toujours leur visage tout en aidant Pouzin à charger ses ânes.

En sortant de la "Zériba*", notre tente traditionnelle de l'Ahaggar, le soleil pointe le bout de ses rayons. Il nous éclaire une scène familière de la vie des Touareg. En contrebas, Abdela et Rabbit aident leur père et quelques femmes du village à charger des ânes. Le vieil homme et les mères partent au milieu de cet océan de pierres rejoindre le troupeau de chèvres qui broutent tout ce qui peut être brouté non loin de l'Assekrem. Puis, sous le regard du père et des femmes, nos deux chameliers chargent notre caravane. Pendant que les chameaux de bât endossent les bagages, François tente de photographier les femmes plus ou moins jeunes qui sont regroupées en vue des deux départs. La majorité d'entre elles acceptent d'être immortalisées sur la pellicule, mais à une seule condition, c'est qu'elles le soient seulement de dos. Et là, François et moi commençons à nous poser des questions dont celle-ci : comment allons-nous illustrer la vie des Kel Ahaggar si toutes les femmes que sommes amenés à rencontrer au cours de la méharée se comportent de la sorte, même si, comme en ce moment, cela se passe avec le sourire ? Tout en esquissant les silhouettes, je me demande pourquoi il y a une telle différence avec l'Aïr. La réponse m'est donnée : l'emprise de l'Islam est plus importante ici qu'au Niger. Mais voilà, par le fait de quelques islamistes les têtes se détournent et le voile tombe même sur le visage de certaines femmes. Si ce dernier comportement est loin d'être généralisé, cela n'exclut pas, au contraire de la targuia nomade, que la targuia citadine reste à l'écart de nos regards quand nous partageons un repas avec son targui.

A l'origine, le targui est monogame, mais certains hommes bleus ont tendance à devenir polygames.

Pour eux, l'Islam a quelques bons côtés.

Ce détour de face est aussi dû à la peur que l'âme ne soit volée. Depuis la dernière année du deuxième millénaire une autre raison est venue se greffer : la parution d'un livre contant la vie du peuple bleu dans lequel apparaissent à caractère ethnographique des photos d'enfants nus. La publication des dits clichés offusque celles et ceux qui, aujourd'hui adultes, se sont reconnus ainsi immortalisés. Pour les targuias et les targuis que nous avons rencontré au campement de l'autre Mokhtar, le frère de Abdela et Rabbit : *"y a pas photo, y a trahison !"*.

(*) Habitation construite avec des feuilles d'une massette appelée en tamâchek "Tahlé" et en langage scientifique "Typha elephantina". Le tout est soutenu par des troncs de tamaris.

Les membres du groupe folklorique d'Outoul en grande tenue.

Pour pallier le manque de visages féminins, mais aussi d'hommes, les membres du groupe folklorique d'Outoul se présentent à vous dans leurs plus beaux effets et ce, sans se détourner. Et les yeux des dames se baissent, se lèvent ou vous fixent.
S'il existe, comme à "Tam", des ateliers de haute couture, le plus souvent c'est le Targui et la Targuia qui confectionnent eux-même leur tenue des grands jours.

Un coup d'œil en haut, en bas, sur le côté et enfin en face.

Au contraire de leur mère, l'objectif n'effraie pas les enfants.

Soyons optimistes, les Touareg ne sont pas du genre à s'entendre dicter leur manière d'agir; c'est du moins ce que des écrits anciens nous apprennent. Quoiqu'il en soit, pour la targuia et le targui, le principal est ne de pas perdre la face.
Que ce soit au camp de l'oued Afik où les femmes ont accepté de jouer le jeu ou dans celui de "l'autre Mokhtar", les enfants, à défaut d'avoir une poupée, se jouent de l'objectif de François, mais aussi avec mes crayons.

Au regard de la bosse d'un "Amis" qui se mêle parfaitement au paysage, Altar se demande s'il n'a pas un trouble de la vision.

Il existe toutefois des distinctions entre les diverses tribus bleues. Ainsi, dans le Nord du Niger tout proche, les Kel Aïr appellent leur animal à bosse mâle "Alam", alors qu'ici dans le Grand Sud algérien, les Kel Ahaggar le nomme "Amis" et qu'au Mali, les Kel Iforas lui donne le nom de "Ames". Ces trois clans parlent pourtant la même langue, et comme dans chaque idiome il se trouve des variantes selon le milieu géographique. Une petite précision au sujet du mot "Amis" : il s'agit en fait du singulier, au pluriel celui-ci devient "Imnâs". Quoiqu'il en soit le terme générique est "Amâgour" au singulier et "Imoûgar" au pluriel. Afin d'amener un peu de poésie dans ce texte, et puisque, comme nos bêtes, 90% des chameaux de l'Ahaggar sont castrés, je me permets de garder quel que soit son genre le terme fort singulier d'"Amis" tout au long de notre voyage. J'espère que vous ne m'en voudrez pas. En tous cas, grâce à cette nuance linguistique je peux maintenant vous présenter, par ordre de marche en selle, les "Amis" de la méharée :

1) ALTAR

Particularités : chameau de selle de 7 ans, originaire du Niger. Son nom se réfère à la couleur de sa robe. Arrivé dans le pays le 7 novembre, il a été acheté le même jour sur le marché de Tamanrasset par Abdela. C'est la première fois qu'il marche dans l'Ahaggar, qu'il est sellé dans ces conditions et qu'il est monté par Abdela son nouveau maître.
J'allais oublier, son pied droit est entrant ; il porte au cou une clochette; au dos de sa selle pend le "Têlek", le poignard de son maître; derrière son œil gauche se trouve la signature d'Abdela.
C'est le fils de son maître qui ici vous le présente.

Chez les Touareg, faire monter un petit enfant sur la selle, juste avant le départ, porte chance au(x) voyageur(s).

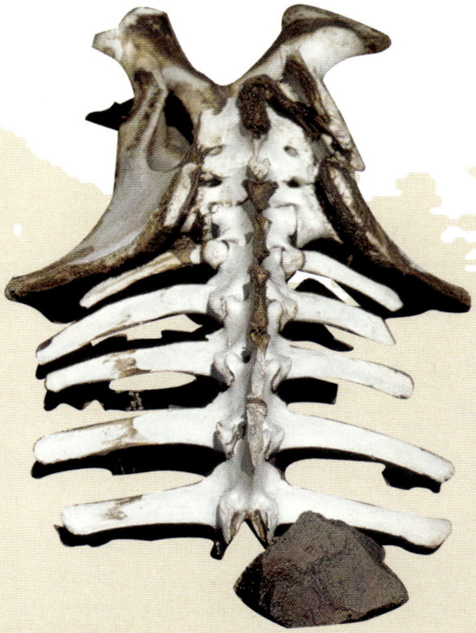

Savoir choisir entre un chameau et une deux chevaux.

Qu'un Kel Ahaggar achète un chameau nigérien sur le marché de Tamanrasset n'a rien d'exceptionnel malgré un prix qui peut être cinq fois plus élevé qu'un animal du cru ! Quelle que soit sa valeur, tout camélidé qui pose pour la première fois les pieds dans l'Ahaggar doit s'adapter à la nature et au relief particuliers du massif; ce qui peut prendre un temps certain si, au contraire d'Abdela, le chamelier n'a pas l'autorité nécessaire. Si la plante des pieds d'Atlar ne se fait pas à ce monde de pierres, il est une autre plante que ce chameau ne connaît pas et qui peut lui être fatale, s'il l'ingurgite, le laurier rose. Ici, comme à Séfar sur le Tassili n'Ajjer où je l'ai croqué pour la première fois, il n'est pas rare de croiser ce végétal. Lors de notre traversée du désert, nous avons remarqué des carcasses de chameaux résultant du mal qui gagne la pauvre bête quand elle s'en délecte. L'animal peut en revanche se goinfrer d'acacia sans être piqué au vif. L'on trouve aussi d'autres carcasses comme celle de cette malheureuse 2 cv qui, n'ayant plus de souffle, a été abandonnée au pied de l'Assekrem à la fin des années 80 par ses propriétaires, un couple de jeunes Français. En observant ces restes divers, c'est à se demander si la marche à pied n'est pas le meilleur moyen d'arriver au terme de son propre voyage.

Malgré ses longues épines, l'acacia ne coupe pas l'appêtit de l'"Amis", alors que le laurier rose peut lui être fatal.

Si un kilomètre à pied dans l'Ahaggar ça use, la marche permet tout de même de vivre pleinement ce splendide massif.

Après le marquage au fer rouge,
voici venu le temps
de se refaire une santé.

Pour le chameau, le pire peut être évité si l'infection est diagnostiquée à temps. Cela se voit, encore faut-il être là. Le ventre du chameau gonfle et finit par ressembler à un ballon de baudruche. La pauvre bête est constipée. Le but est alors d'attraper le malade pour lui administrer un remède de cheval qui consiste à le marquer au fer rouge sur son ventre rebondi. Si l'animal n'est pas déjà identifié par un sceau, le propriétaire en profite pour l'apposer distinctement sur l'épaule droite. Plus ça chauffe, mieux c'est. Aux portes de Djanet, en compagnie d'Hamou Dahou et d'Ali, nous constatons que les Kel Medak ne sont pas des barbares. A In-Bar-Bar, après avoir été marqué dans sa chair, le chameau se voit offrir des quignons de pain et des céréales pilées. Une particularité, c'est à partir des crottes du chameau malade que naît le feu grâce à quoi le mal part en fumée.

Deux sources de vie : l'eau et la conserve.
L'une de ces sources a une fâcheuse tendance
à innonder le Grand Désert.

Pour Atlar, c'est l'heure du gavage.
Abdela lui administre des grains de
maïs, puis lui donne à boire.

A propos de fumée, nos chameliers Abdela et Rabbit nous apprennent qu'il existe un moyen radical pour dissuader l'animal de tomber sous le charme du laurier rose : il est d'enfumer le chameau à l'aide du fameux végétal en insistant un peu, comme cela s'est produit dans l'oued d'Afilal. Cet oued, où la plante s'épanouit, est la piscine de l'Ahaggar ; l'eau y est abondante toute l'année. Pour cette raison, l'armée algérienne a tenté d'implanter à proximité quelques cultures. Malheureusement pour elle, ses plants n'ont pas abouti, et comme vestiges de leur entreprise il ne reste aujourd'hui que des trous, une double porte ouverte au vent du désert et des conserves. Afin de corriger les carences alimentaires de son chameau qui ne connaît pas encore les différents végétaux, tous les deux ou trois jours Abdela lui administre un complément nutritif sous la forme d'un gavage aux grains de maïs mêlés à de l'eau.

Perdues dans la photo et dans l'immensité, deux portes s'ouvrent sur l'Oued d'Afilal.

Chercher l'"Aman", l'eau, peut vous mener loin.
L'"Abayor" en peau ou en chambre vous permet de la garder au frais longtemps. Ce dernier point ne doit pas vous interdire de renouveler l'eau, dès que possible.

Ah, l'eau, j'en réponds, l'Ahaggar en regorge ! Même si les guerbas sont à portées de main, ne soyez pas sot comme François et moi en oubliant votre gourde. Cette dernière peut être de différents types : en peau de chèvre ou de bouc, pour le goût de l'eau mieux vaut une vieille peau qu'une jeune; en chambre à air, malgré sa nature celle-ci semble vraiment increvable et même si elle ne sent pas la chèvre il est préférable de boire à la vieille chambre. Excepté dans certains gueltas et oueds tels que celui de Afilal, l'eau n'est pas apparente. Pour la voir, il suffit tout simplement de faire l'âne car le chameau ne creuse pas de lui-même. Amusez-vous donc à gratter le sable d'un oued à la main ou avec une gamelle telle que la ménassa. Vous verrez qu'au bout de quelques dizaines de centimètres voire plus, si vous n'avez pas de chance, l'eau arrive.

Pour vous faciliter la tâche, repérez, hormis les fameux tas de cailloux appelés "Imeseknân", une plante vivace répondant au doux nom de Iliga, car aux dires des hommes bleus : *"Là où pousse l'Iliga, l'eau est là."* Un petit conseil pour éviter que le sable ne vienne troubler l'eau en retombant dans le trou : déposez autour de ce dernier une couronne végétale.

En trouvant l'Iliga, vous multipliez vos chances de dénicher l'eau. Enfin, normalement !

Pour François, c'est la première prise de position. Il peut enfin goûter au plaisir de la "Tétebek". Cavalier émérite, notre photographe saura guider d'une main de maître son "Amis".

Filtrée naturellement par le sable, cette eau est bonne à boire même si parfois, comme à la source de In-Tafelt, elle a un drôle de goût pour ne pas dire plus. Cette source tient son nom d'une plante, la Tafelt, dont la racine, une fois pilée et mélangée à de l'eau, détend les cuirs. En apprenant cela, je pense à François qui, en s'installant pour la première fois sur la "Tétebek", cette selle de chameau de bois et de cuir au pommeau en croix, me lança : *"Au prochain village, j'achète un slip en peau de mouton."* Même si auparavant j'ai goûté, au Niger, au plaisir de la Tétebek, ne croyez pas pour autant que ma peau soit tannée. Bien qu'ici nous ayons marché les trois quarts du temps, un bain de siège dans la source de In-Tafelt n'aurait pas été de refus pour François et moi, car c'est au dernier jour de la méharée que nous sommes entrés tous les deux dans le premier village rencontré, Terhenanet, dont le poste ressemble à notre habitation de Tarumut. Abdela et Rabbit ont refusé de nous suivre. Ils sont restés au bivouac prétextant qu'ils n'avaient pas de vêtement suffisamment élégant pour se présenter aux habitants de ce village. Les hôtes appartiennent à l'une des tribus dites nobles de l'Ahaggar, les Dag-Ghali, ce qui n'est le cas de la tribu des deux chameliers. Cette dernière est l'une des premières à avoir peuplé le massif en créant cette bourgade qui aujourd'hui compte une quarantaine de familles.

Face au panneau, le poste d'entrée et de sortie du Parc National de l'Ahaggar.

Avec leurs fruits et leurs légumes, les jardins de Terhenanet nourrissent leurs propriétaires toute l'année. Le chameau, quant à lui, ne leur donne sa chair qu'occasionnellement comme en ce jour, début du Ramadan.

Bien que les jardins de Terhenanet soient parmi les plus anciens du massif comme les ruines en pierres qui se dressent à proximité, notre attention est plutôt attirée par un regroupement d'une vingtaine d'hommes formé sur la rive opposée de l'oued qui longe le village. Ces hommes viennent d'égorger un chameau en vue du Ramadan qui débutera dans deux jours, le 27 novembre. Sachez tout de même que sa viande ne se boucane pas. Par conséquence, on doit l'ingérer rapidement. Comme Atlar, cet animal a été acheté sur le marché de Tamanrasset, ce qui me fait écrire que dès le début de son existence ce chameau était condamné à suivre un régime sans selle. Excepté le feu de la hache, les lames des couteaux qui servent au découpage du pauvre "Amis" passent toutes sur la lime du couteau plus que suisse de François. Une heure suffit alors aux hommes habillés de guenilles pour débiter ce chameau à la robe brune, et dire que nos chameliers se considéraient mal vêtus. En revanche, deux heures de palabres sont nécessaires pour répartir de façon équitable les morceaux et distribuer par tirage au sort les quarante parts. Sur ces dernières, chacun a préalablement déposé soit un briquet, soit une herbe, soit une boite d'aspirine transformée en boite à tabac à priser, soit un étui à couteau soit une boite d'allumettes qu'on ne doit, comme le bois, ne jamais oublier en voyage. Douze brouettes et quelques sacs réceptionnent la viande à laquelle s'ajoutent les abats mêlés à des morceaux de la graisse de la bosse. Deux enfants prennent chacun en main un pied de la bête sur lequel, je suppose, ils prélèveront les osselets.

Après la découpe et le partage de l'"Amis", chacun emmène sa part à la maison.

le 25 nov 2002 à TERHENANET chez Mohamed qui m'a dessiné les deux véhicules du désert.

L'un des "bouchers" qui vient de débiter l'animal et de mener de la voix et du geste le partage nous convie à prendre un thé vert et une collation chez lui. Il se prénomme Mohamed, et c'est un Dag-Ghali qui, de retour chez lui, se présente à nous. Tout en parlant de chameau et de la vie des Touareg, l'homme de l'Ahaggar illustre sur mon carnet les deux véhicules du désert comme il dit : le chameau et le 4x4 ; sa fille quant à elle dessine seulement l'animal à bosse, mais au contraire de son père elle le réalise hors de nos yeux sans doute par timidité. Ayant dit à notre hôte que je cherchais avec François de beaux bijoux pour les offrir à nos femmes respectives, des femmes d'un âge certain entourées de jeunes filles entrent dans la pièce dépouillée afin de nous proposer leur trésor. Débute alors un grand moment de convivialité et de rigolade. Les femmes sont dures en affaire et j'essaye tant bien que mal d'être à la hauteur. Je sors avec un maigre butin dont une bague pour le moins hétéroclite. De son côté François repart avec un magnifique collier en argent aux senteurs agréables.

Un bijou traditionnel et un bijou hétéroclite.

Pour traverser le Grand Désert, à chacun sa selle.

Le targui et le méhari.

Pour nous qui venons de passer quinze jours avec des chameaux bien vivants, assister à un découpage tel que celui–ci est troublant. Et c'est d'autant plus troublant qu'en quittant notre campement pour gagner Terhenanet, nous avons croisé, arpentant le grand oued sous la bonne garde de sa mère, un tout jeune chamelon blanc qui, aux dires de Abdela et de Rabbit qui l'ont vu de loin, n'a pas plus de quinze de jours. Est–ce un futur grand méhari ? Je ne sais pas, mais c'est tout le mal que je lui souhaite d'autant que ce chamelon a deux avantages non négligeables sur Atlar : le premier, est d'être né dans l'Ahaggar ; le second est de connaître de manière innée la nocivité du laurier rose. Malgré tout, à la voix de son maître, Altar, le "bleu" venu du Niger, a conduit sans faillir quinze jours durant sa première caravane, et ce n'est pas sa petite taille qui l'empêchera de devenir un grand.

Approchez-vous !
Sentez-vous l'haleine ô combien
fétide de l'"Amis" Izaref ?

2)IZAREF

Particularités : chameau de bât de 5 ans, originaire de l'Ahaggar. Comme pour Altar, son nom se réfère à la couleur de sa robe. C'est sa toute première méharée.

Afin d'aborder dans les meilleures conditions le chargement de ce vaisseau du désert qui a une fâcheuse tendance à tanguer, Abdela et Rabbit l'amarrent solidement à l'aide de cordages. Durant tout le temps de l'accostage, tel une corne de brume, Izaref émet des mugissements lugubres. Cette scène se reproduit quatre fois par jour, à chaque chargement et déchargement répartis comme suit : une fois le matin en quittant le bivouac, deux fois à l'heure de la pause déjeuner et enfin une dernière fois en installant le nouveau bivouac. Malgré ses débuts mouvementés, ses râles quotidiens chargés d'haleine fétide et son allure chétive, Izaref a tenu bon sous le poids de son fardeau. N'ayant pas encore l'habitude de l'entrave, ses chevilles antérieures ont une tendance à se découvrir sérieusement. Le cuir à vif ne va pourtant pas entraver sa marche. C'est un brave !

Izaref est un "Amis" un peu cabot.

Ibrahim, le blanc,
suivit par d'Initri, le beige.
Il arrive parfois que ce tamdem déraille. Et là !...

3)IBARIM

Particularités : chameau de bât de 14 ans, originaire de l'Ahaggar. Ce vieux de la piste est le père d'Izaref, et comme son fils, son nom se réfère à la couleur de sa robe. Il supporte la charge sans broncher ; c'est un animal sans histoire, s'il n'est pas suivi par Initri.
Mais voilà, lors de cette méharée, Initri est attelé à lui tel une caravane.

4)INITRI

Particularités : chameau de bât de 10 ans, originaire du Mali. Son nom se réfère cette fois aux étoiles. Ses ongles sont plus longs et son caractère imprévisible réserve des surprises qui peuvent être fracassantes.
Alors que tout paraît calme, il arrive parfois que la caravane dérape et parte en tête à queue malgré la maîtrise du conducteur. Lors de notre méharée celle-ci est sortie à deux reprises de la piste par la faute d'Initri.

Le premier dérapage survient alors qu'il sent un de ses bagages glisser sur son postérieur ; ce qui entraîne un éclatement de la caravane dans tous les sens du terme, et une fin de course dans les rochers pour lui. Et nous de voir nos bagages s'éparpiller dans le superbe décor. Une fois le calme revenu et la poussière retombée, le jeu consiste à récupérer de-ci et de-là, qui une petite cuillère, qui un sac de couchage, qui un bol ou un sac de riz. Le second incident se produit dans l'oued qui descend vers Tamanrasset. Il aurait pu être la cause de maux sérieux pour Abdela et Ibarim : être écrasé entre deux chameaux pour l'homme et se rompre le cou pour l'"Amis". Heureusement, Allah et les gris-gris en ont décidé autrement.

Et la caravane de décrocher.

Qui peut bien pousser à rire aux éclats l'auteur et son chameau ? Seraient-ce François et son "Amis" Barka ?

5)BUSH

Particularités : chameau de selle de 14 ans, originaire de l'Ahaggar. Son nom se réfère là encore à la couleur de sa robe et il signifie, en raccourci, blond pour rien. Dans sa jeunesse, d'après ce que me dit Rabbit, c'était un zéro, un fainéant. Ce n'est pas moi qui vais le lui répéter à l'oreille, je ne veux pas qu'il se fâche, mais alors pas du tout, c'est mon chameau ! Je peux tout de même vous révéler que son pied droit part à droite.

Au moment où je suis en selle, je ne sais pas encore que son patronyme texan va gouverner les Etats Unis d'Amérique. Dans le désert, quand on aborde les péripéties électorales américaines, un sourire se dessine sur les yeux de l'homme bleu.

Aujourd'hui, sachant qu'un Bush est depuis le 20 janvier 2001 confortablement installé à la Maison Blanche, j'ai une pensée émue pour mon "Amis".

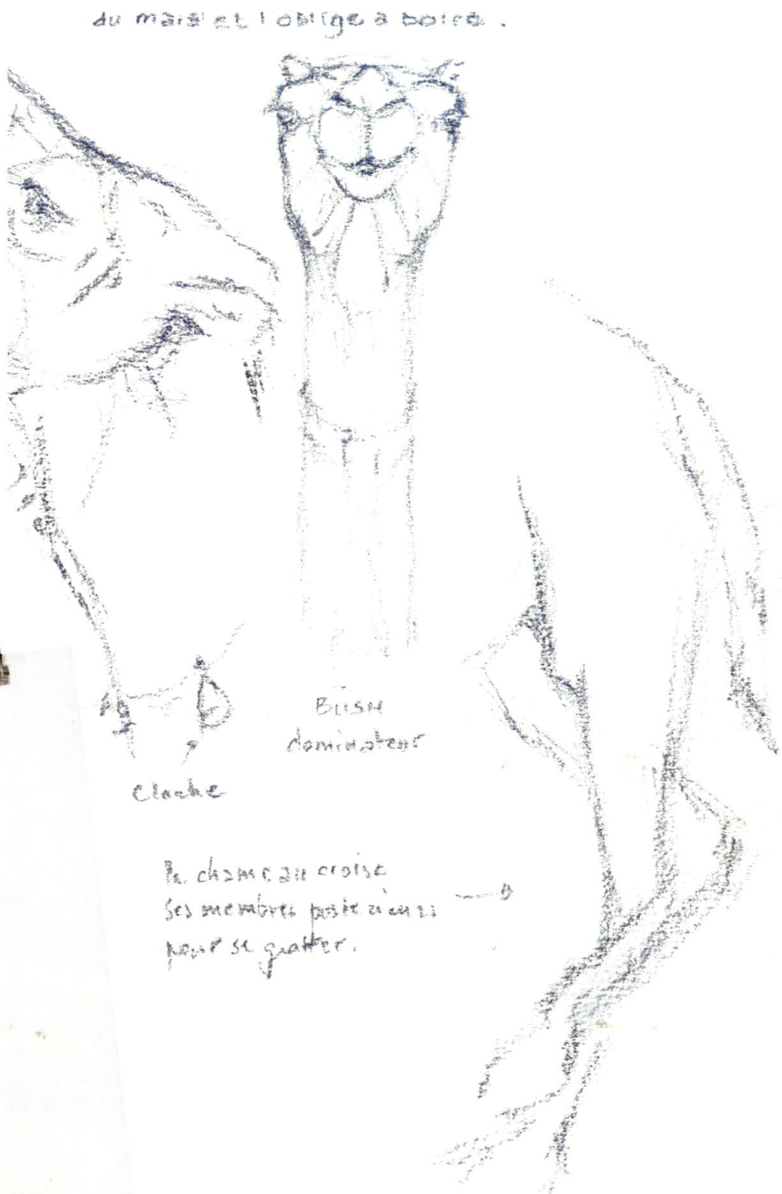

Bush est l'"Amis" des dessinateurs.
Il aime prendre la pause.

La position favorite de Barka

6)BARKA

Particularités : chameau de selle de 15 ans, originaire de l'Ahaggar. Son nom est celui de son ancien propriétaire. Ses pieds sont petits. Il a sur le chanfrein trois billes de peau sculptée pour l'embellir comme la barbiche qu'il possède sous la mâchoire inférieure. C'est avant tout le chameau de François et il semble ne s'être jamais réveillé.

Avant de vous présenter le septième camélidé, je vous explique la raison de l'attribution de Barka à François. La veille, lors de la discussion rythmée par "guitare bidon", François fait part à Abdela et Rabbit, tout en leur contant ses aventures africaines, que pour lui c'est la première fois qu'il va chevaucher l'animal à bosse. Après quoi, il s'empresse de rajouter qu'il monte à cheval depuis sa plus tendre enfance. Sur ce, notre cavalier et ancien méhariste de la marque automobile à chevrons (celle qui s'est illustrée au début des années vingt en traversant sous la forme d'une croisière tout le pays du nord au sud pour arriver à Gao au Mali) se voit attribuer l'"Amis" le plus sûr, celui qui connaît le massif sur le bout de sa bosse.

A la surprise de François, quand Abadela chevauche "son" Barka le dernier soir de la méharée le spectacle devient Hollywoodien tant son chameau crève l'écran.

Avec Abdela, Barka devient, le temps d'une photo, le bel "Amis" du Grand désert.

Entre l'"Amis" Abao et son maître
Rabbit, la complicité est totale.

7) ABAO

Particularités : chameau de selle de 10 ans, originaire de l'Ahaggar. Une nouvelle fois, ce nom se réfère à la couleur de sa robe qui n'est pas tout à fait blanche. Bien qu'avec ses postérieurs il marche en canard, ce n'est pas un "Charlot" puisqu'il a la lourde tâche de pousser Barka quand François est dessus. C'est le chameau de Rabbit, et sa tête, avec ses "billes" et sa barbiche, est semblable à celle de Barka.

Lors de votre méharée, ne cherchez pas à copier Rabbit qui, en deux temps trois mouvements, se met en selle sur Abao, vous pourriez vous retrouver avec des bosses. De notre côté, François et moi, nous nous hissons respectivement sur Barka et Bush alors qu'ils sont couchés. Le redressement de l'"Amis" peut être épique. Au cours de notre voyage entre "Amis", tous les matins et après chaque pique-nique le maître d'Abao part à la recherche des bêtes à bosse qui bien qu'entravées parcourent de belles distances pour trouver un met qui leur est délicat. Il s'occupe aussi de la corvée de bois. Cette dernière va le conduire sur les traces d'un "Amis" que ni lui, ni son frère, n'avaient revu depuis belle lurette.

Un, deux, trois, en selle !

La trace d'un "Amis".

L'oued d'Adarou,
l'oued des retrouvailles.

C'est ainsi qu'au treizième jour de notre méharée un huitième "Amis" est venu compléter notre panoplie cameline.
Son nom est Azelraf. Ce que je vais vous narrer n'est pas un conte imaginaire, c'est une histoire vraie, comme le reste d'ailleurs : *"Il est une fois quatre hommes au pied de la plus haute montagne de l'Algérie, Tahat, dont le sommet culmine pour certains à 2918 mètres et pour d'autres à 3010 mètres car il est dit que le cœur du massif de l'Ahaggar accentue le rythme de ses pulsations. Trois hommes décident de gravir Tahat tandis qu'un quatrième, pour ne pas le nommer, Rabbit, part chercher du bois pour le campement. Alors que ses compagnons viennent de réussir l'ascension avec plus ou moins de facilité (n'est-ce pas François ?), Rabbit revient de sa corvée avec deux chameaux supplémentaires. Comment les a-t-il trouvés et pourquoi les amène-t-il ? A ces deux questions, voici les réponses : tout en ramassant le combustible, il remarque une empreinte de chameau qui ne lui est pas étrangère, elle ressemble à s'y méprendre à une de leurs chamelles qui depuis quelques temps déjà n'est plus de ce monde. Cette trace légèrement enflée à l'extérieur est celle de l'antérieur droit. Puisque ce pied est frais, et que la femelle n'est plus, il ne peut s'agir alors que de l'empreinte de son fils, Azelraf, et comme le dit si bien le Kel Ahaggar : "le Touareg qui ne connaît pas la trace de son chameau est un Touareg de trafic, un faux Touareg." Il est connu que c'est aussi dans le besoin que l'on reconnaît son "Amis". Sur ce, Rabbit abandonne provisoirement la quête du bois et part chercher l'animal. Il remonte l'oued d'Adarou jusqu'à un cul-de-sac. Là, il trouve Azelraf en bonne compagnie. Aux côtés du jeune mâle est une jeune femelle. Pour mener ces "tourtereaux" au camp, Rabbit n'a plus qu'à les pousser en marchant tranquillement.*

Besoins d'"Amis" grandeur nature.

Non loin de Tahat, l'"Amis" blanc Azelraf vivait librement en compagnie de sa brune.

Après la liberté, les entraves pour Azelraf.

C'est en amorçant la descente de Tahat qu'Abdela nous fait remarquer au loin que son frère n'est pas seul. Alors que la montée s'est effectuée en à peine plus d'une heure et demie, la descente, malgré les éboulis, ne dure même pas une heure. Il est vrai qu'Abdela est impatient de rejoindre son frère. Maintenant que tout le monde est en bas, le but est de capturer le chameau retrouvé, avant que la nuit ne tombe. François et moi restons de simples spectateurs sur les recommandations des chameliers. Nous assistons à la scène suivante : les sept premiers chameaux sont regroupés en un endroit plat sous les ordres d'Abdela. Pas un de ces chameaux ne bouge, même Izaref se tient à carreau, c'est vous dire le savoir-faire de notre chef chamelier. Derrière ce groupe solidaire est placé un grand nœud coulant. Pendant qu'Abdela tient l'extrémité de la corde, son frère s'efforce à ce que le nouveau venu tombe dans le piège qui, après moult tentatives, se referme à la nuit tombée. Après plusieurs ruades et dégringolades, le jeune chameau est enfin maîtrisé. Avant de l'entraver solidement pour limiter ses mouvements durant la nuit, Rabbit lui pose le magnifique licol que lui a offert une touriste lors d'une précédente méharée."

Le piège tendu par nos chameliers finit enfin par se refermer sur Azelraf.

Que peuvent se raconter autour d'un feu deux chameliers ? Des histoires d'"Amis" bien-sûr, mais aussi de petites amies.

Autour du feu où se consume la plante "Tassa", les histoires sont de rigueur et celle de la capture va bon train que ce soit en Tamâchek ou en Français. Nous apprenons ainsi que Azelraf a six ans et qu'il vient de passer cinq années de liberté totale après être resté un an en compagnie des hommes. Pour le futur chameau de selle, une nouvelle vie commence. Malgré sa bosse aux poils en bataille, il doit entrer dans le rang. Finie l'insouciance, arrive maintenant le temps du dressage qui dure deux années. Il se répartit comme suit : pendant un mois, port de bagages ; ensuite un trimestre de rodéo avec une selle de bât derrière la bosse ; puis, pendant toute une année une selle tout en bois, la "Taïeste", est positionnée devant la bosse ; après quoi, il a droit à trois mois de répit au pâturage pour reprendre des forces. Ainsi au bout de la deuxième année, on peut le monter sans trop de problème.
Une des particularités d'Azelraf est qu'il a les yeux vairons.
Quant à la petite chamelle qui pendant cette vie au grand air lui a été fidèle, elle reste en toute liberté, sans entrave et sans méharée, comme toutes ses consœurs. Pour retarder la séparation avec son Azelraf, son bien-aimé, elle suit, une journée durant, notre caravane. Comme le chamelon blanc, le fruit de leur rencontre va naître en pleine nature et son maître futur lui récitera un jour la poésie écrite vers 1870 par un Kel Ahaggar, Khâmma äg Boukka. Le Père Charles de Foucauld l'a traduite ainsi :
"Moi et toi, mon chameau blanc, je le pense, quel que soit celui de nous qui survivra à l'autre, il en sera fâché. Je te promets de ne plus jamais mettre la selle sur ton dos : j'excepte le cas de nouvelles très graves et celui où s'organiserait une caravane pour aller à La Mecque : je n'excepte que ces deux cas."

Si pour Khâmma il n'est que deux cas, pour Abdela, Rabbit, François et moi, il en est un troisième, celui de vous organiser un voyage entre "Amis" durant quinze doubles pages au cœur de l'Ahaggar. Justement, à cet effet j'aperçois Rabbit qui rassemble nos "Amis", et en accord avec Abdela notre chef de caravane, je vous dis juste deux mots : "En selle". Mais avant de vous y mettre, sachez qu'une méharée ne peut s'ébranler que si tous les chameaux sont réunis, ce qui est le cas pour nous ; qu'elle ne s'arrête pour le pic-nic et le bivouac qu'en des endroits proches de pâturages pour les "Amis". L'avantage d'un "Amis" sur un camion de 5t pouvant transporter l'équivalent de la charge de 45 chameaux est qu'il répond au doigt et à l'œil, et qu'il ne s'ensable pas.

le 10 Nov 2000 AKAR-AKAR ABDELA, de tête, a réussi à dessiner l'AKAR-AKAR

– 1130

Le massif d'Akar–Akar, notre caravane et celle d'Oheda, et l'oued Amajur.

DE TARUMUT A AMAJUR

Entre Akar-Akar et l'oued Amajur, alertée par la sortie de piste de notre caravane, une colonne d'"Amis" sur le retour s'est déroutée. Comme vous pouvez le remarquer, l'un des chameaux de la dite colonne conduite par Oheda ne manque pas de selles. Avec ses congénères, il vient de déposer des touristes au pied de l'Assekrem. Ces derniers reviendront à pied.
Pour la petite anecdote, mon crayon ne trouve pas l'équilibre devant Akar-Akar. Proscrivant comme il se doit la gomme, je me tourne alors vers Abdela, notre chef chamelier, afin qu'il prenne la relève. En deux ou trois coups de crayon assurés, il me dessine la montagne de tête. C'est vous dire que les Touareg connaissent leur terre sur le bout des doigts.
Dans l'oued Amajur, nous installons notre premier bivouac pendant qu'Abdela et Rabbit préparent notre premier dîner de la méharée.

Abdela au fourneau et Rabbit au séchage.

Après être venu aux nouvelles, Oheda s'éloigne avec ses "Amis".

Dans l'oued de Taglift, l'eau n'est pas toujours source de vie.

EN L'OUED DE TAGLIFT

Dans l'Ahaggar, il n'y a pas que l'âme qui s'égare. En l'oued de Taglift, un héron mélanocéphale a suspendu son vol.
D'où vient-il ? Est-ce un courant aérien plus fort que les autres ou un esprit d'aventure qui l'a mené en ce lieu éloigné de son aire de migration et de répartition située normalement au sud du Sahara?
En tout cas, quelle que soit la question que l'on se pose, sa présence n'a pas l'air de surprendre Abdela et Rabbit. Bien qu'ils n'en aient jamais vu, ils s'en désinteressent complétement, et ce n'est pas son nom scientifique "Ardea melanocephala" qui va arranger la chose. Leur manque d'intérêt ne m'empêche pas de prendre ma plume pour vous décrire l'espèce en quelques mots : mâle et femelle sont semblables ; sa longueur est généralement de 92 cm ; son plumage est essentielement noir gris-bleu ; sa gorge est blanche et son iris est jaune ; il émet un brillant "kaaah" et un léger "how-ou" à l'occasion de la période nuptiale.

Malgré leur désinteressement pour l'oiseau, nos deux chameliers nous ont surpris en entonnant : "Et rond et rond petit patapon...". Il est vrai que les Touareg ne manque pas d'humour.

Il est une fois en l'oued de Taglift, le Tamaris, le Moula–Moula et la Selle de bât.

Au pied de la montagne Aguawau, l'oiseau Moula–Moula, compagnon de chaque jour de notre méharée, se pose en amont de l'oued de Taglift à l'ombre d'un tamaris "Azaoua". Là, est une selle de chameau de bât tristement abandonnée. L'un de ses "bras" en bois d'acacia a cédé sous le poids de la charge. Aujourd'hui, elle trône réparée dans mon atelier.
Au loin, un âne sauvage s'élève vers les sommets, les étoiles et la lune pleine.

Qui a bien pu ranger ainsi ces "assiettes" de pierre ?

LES GORGES DU CORBEAU

Dans les gorges du Corbeau que les Touareg nomment simplement "Inzaran–n–Bal guiwen", nulle caravane ne passe. Pour défiler d'un bout à l'autre des dites gorges, nous volons de nos propres ailes et notre regard se pose alors sur des colonnes de pierres à l'équilibre précaire.

Maître Corbeau sur un roc perché veille sur Ses gorges.

De haut en bas, le franchissement du col de T-in-Tinsak, le Taraït de T-in-Taraïfouft, et aux alentours de l'oued d'Afilal...

DES GORGES DU CORBEAU A L'OUED D'AHATAM

Après être passés par le col de T-in-Tinsak et ensuite avoir bivouaqué dans les oueds de T-in-Taraïfouft, d'Afilal, et d'Azik, nous arrivons en l'oued d'Ahatam où un coucher de soleil nous en fait voir de toutes les couleurs. Nos deux chameliers qui pourtant en connaissent un rayon en sont tout éblouis. Cela ne les empêche pas de surenchérir en nous disant que demain, vu du sommet de l'Assekrem, le spectacle sera encore plus beau.

...puis l'oued d'Azik et celui d'Ahatam.

Saouinan se pointe accompagnée de l'astre lunaire. L'Assekrem n'est plus très loin.

DERRIERE, C'EST L'ASSEKREM

Après une nuit passée dans l'oued d'Ahatam, l'envie est grande de se trouver de l'autre côté des Tazouleg ou Tezouaï selon les dires et les écrits. A cela une raison, derrière est l'Assekrem. Depuis le temps que j'attends ce moment là. Aujourd'hui, un de mes rêves d'enfance va se concrétiser : voir "de visu" ce haut lieu chargé de spiritualité et réputé pour la beauté du paysage qu'il domine. Alors, pas une minute à perdre, en marche !

Sur le carnet, se dessine le massif de Tézouaï côté pile.

Pour croquer ma première vision du plateau de l'Assekrem, de l'ermitage de Charles de Foucauld et de l'aiguille de Saouinan, la pointe de Foucauld comme l'avait baptisé Frison-Roche, je prends un certain temps. Temps qui se rallonge, quand arrive à ma hauteur une autre caravane.
Hormis les chameaux et les caravaniers, celle-ci est composée de trois Allemands avec qui s'engage un brin de conversation. Pendant ce temps là, mes compagnons de voyage continuent leur marche. Après avoir fermé le carnet de croquis et pris congé des Germains, François, Abdela, Rabbit et les "Amis" ne forment plus qu'un point noir que je vais mettre un temps certain à rejoindre, même au pas de charge. De toute façon ici, c'est bien connu, le temps est plus que relatif. Alors qu'importe !

L'ASSEKREM

De par le monde, il est des lieux qui frappent l'imagination et qui vous transportent hors du temps. L'Assekrem en est un. Vous pouvez même y trouver refuge et y séjourner le temps d'une retraite.

En ce qui nous concerne, nous allons bivouaquer trois nuits en haut à droite du panoramique, dans un cirque offrant un excellent paturage pour nos "Amis". A écouter Abdela et Rabbit, l'endroit choisi est hors des sentiers battus et seules quelques bergères s'y aventurent avec les troupeaux. François et moi ne pouvons que les croire puisque au regard de l'immensité du paysage qui nous entoure nous avons l'impression d'être des brebis égarées.

Pour atteindre le fameux ermitage situé au sommet du plateau et au centre du cliché, nous devons crapahuter une bonne heure au milieu des pierres qui roulent et qui heureusement par ce fait n'amassent pas mousse. Ce dernier point nous a permis d'effectuer sans lampe et sans dommage nos différents retours nocturnes au bivouac.

En contrebas du plateau, se trouve le refuge touristique où vous pouvez dormir et vous sustenter.

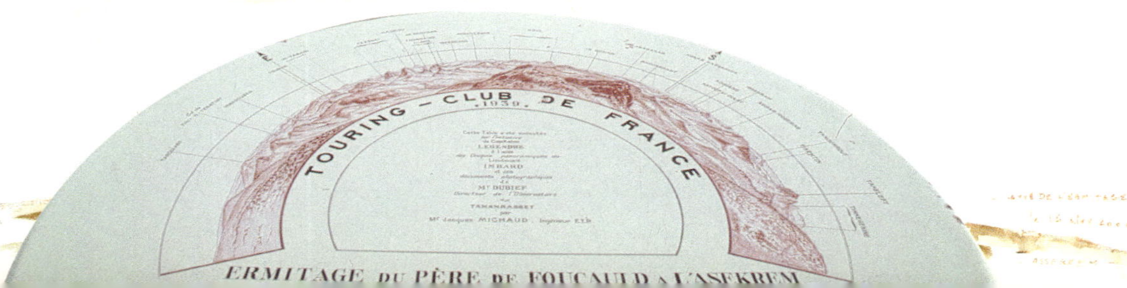

Tour d'horizon.

Le plateau de l'Assekrem offre un tour d'horizon sublime sur l'Atakôr, le cœur de l'Ahaggar. Là, un surprenant tête-à-tête avec les mouflons à manchettes qui arpentent en toute liberté le massif n'est pas rare. François et moi avons eu le plaisir furtif d'en apercevoir, comme ceux dessinés par Rabbit. En les voyant se jouer des difficultés du terrain avec une aisance insolante, nous devenons jaloux car ils passent d'un versant à l'autre d'un bond et pas nous. Nous nous consolons en admirant la beauté des lieux. Au regard de la magnificence du paysage qui s'étend à nos pieds, nous comprenons pourquoi Charles de Foucauld a bâti ici son ermitage. Au moment du lever et du coucher du soleil, on a vraiment l'impression d'être, comme il l'a écrit, près du Créateur.

Sur le carnet, le célèbre ermitage se situe en haut à gauche, alors que Saouinan, l'ex-pointe de Foucauld, se dessine ici et là.

AU REVOIR L'ASSEKREM

Après avoir goûté à l'Assekrem, il est impossible en s'éloignant, ne serait-ce que pour le plaisir des yeux, de ne pas se retourner. Le plateau, à l'extrémité duquel se dresse l'ermitage de Frère Charles, et la pointe Saouinan, l'ex-pointe de Foucauld, se rappellent à nous longtemps.

Sur la photo, la pointe Saouinan s'élève à gauche. Sur le dessin, l'ermitage se dresse à l'extrémité droite du plateau.

Abdela scrutant le crâne de la montagne.

DANS LE CRÂNE D'UNE MONTAGNE

Tel Séfar, le massif d'Amezerouf envoûte. Sa roche aux formes intrigantes et complexes, nous donne l'impression de voyager au cœur du corps humain, et comme le dit si bien Abdela : *"Nous sommes dans le crâne de la montagne"*. Parmi des personnes de pierre se dresse, non loin d'un olivier sauvage, un champignon des plus naturels. Il est aussi un cœur de pierre que les hommes bleus appellent "Oul".

"L'Olivier, le Champignon et le Cœur", tel pourrait être le titre d'une fable.

Mokhtar Melale (à droite sur la photo) en compagnie de son frère Abdela et du fils de ce dernier.
Parmi les prénoms inscrits en Tifanar, l'écriture des hommes bleus, deux ne sont pas du cru.
Pour vous permettre de les trouver plus facilement, sachez que les Touareg donnent à leurs enfants un prénom qui se rapporte à leur caractère, au jour de leur naissance, à un comportement ou à une activité.
Ainsi les garçons peuvent s'appeler Inhonoud (cheveux longs), Igmaïent (celui que l'on recherche), Ilbac (maigre), Akasa (comme le printemps), Elloubat (à toutes les misères), Azoum (carême) ou Rabbit..., et les filles se prénommer par exemple Takamart (rapport au fromage sec), Tinamoud (fin du Ramadan).

LE KING-KONG D'INORERAN

Gare au gorille ! Mais non, nous ne sommes pas tombés sur la tête. A Inoreran, nous nous trouvons tout simplement face à King-Kong. Il veille sur le campement de Mokhtar Melale que nous appelons "l'autre Mokhtar". Ce n'est d'ailleurs pas la seule bête à se trouver sur le site, excepté nos "Amis", les caprins, les ovins et le bovin rupestre, nous avons pu admirer, au loin, deux gazelles dorcas.

Pour les Touareg, quand un enfant perd une dent, il doit l'enterrer dans la trace d'une gazelle dorcas pour espérer avoir une belle dent à la place.

Après l'installation du bivouac, Abdela profite des derniers rayons de l'astre solaire pour gaver son "Amis".

OUED IN-TOURTOURINE

Qu'il est bon de bivouaquer en l'oued d'In-Tourtourine quand, à l'heure où moutonnent les nuages, les ombres s'allongent. Le feu peut alors crépiter et le "gavage" d'Altar commencer. Au loin, des foyers appartenant à d'autres camps scintillent comme les étoiles qui veillent maintenant sur nous. Depuis le début de notre voyage entre "Amis", mise à part à l'Assekrem, nous installons notre bivouac dans les oueds. A cela une raison, le sol est moins rocailleux donc plus accueillant. L'inconvénient est que parfois l'eau s'écoule à fleur de sable et que la fraîcheur s'invite alors en votre couche. A défaut de lit de camp, il est recommandé de glisser entre votre sac de couchage et le lit de l'oued une bâche ou un matelas. Mais surtout, quelle que soit la distance qui vous sépare de l'eau, endormez-vous les pieds au vent.

L'auteur, Abdela et François au sommet, "Acheffallou", de Tahat.

ILAMANE ET TAHAT

En des temps reculés, selon les Touareg, Tahat, le plus haut sommet de l'Algérie, a conquis le cœur du plus haut dyke monolithique de l'Ahaggar, Ilamane. En 1935, les Suisses Bossard et Hauser sont les premiers à vaincre les quatre cents mètres du beau dyke. Le 22 novembre 2000, les Français Folcher et Van Den Driessche accompagnés du Kel Ahaggar Melale Abdela foulent le sommet des sommets, Tahat, que maintes et maintes autres personnes ont déjà gravi avant eux et qui culmine à 2918 mètres voire, selon certains, à 3000, ce qui peut être vrai car il est dit que l'Ahaggar s'élève.

Après avoir saisi Azelraf en vue d'un nouveau départ, Rabbit imite François avec pour appareil photographique un caillou troué trouvé au pied de Tahat.

Comme le laisse à penser la face sud d'Ilamane, il est possible qu'il y ait un lien de parenté entre les Touareg et les Pharaons.

Dans la partie claire située en haut à gauche de la photo, s'étend la plaine de Tamanrasset, alors que le dyke d'Ilamane pointe au premier plan.

En des temps où la France vivait le siècle des lumières, des hommes bâtissaient la mosquée d'Ilamane à l'aide des tuyaux d'orgue de l'oued d'Intabarert.

OUED D'INTABARERT OU LES POUTRES DE PIERRE

En l'oued d'Intabarert, des poutres de pierre appelées tuyaux d'orgue s'érigent au sein d'une mosquée Dag-Ghali. Elles sont à même la colline de Iharanen. Au milieu des orgues de pierre et des roches aux formes arrondies, a résonné à nos oreilles le cri nocturne d'un chacal.

Dans l'Ahaggar, la nature s'en donne à cœur joie pour surprendre l'"Amessâkoul", en deux mots : le voyageur ou le caravanier.

Le dyke d'Ilamane, l'oued d'Intarert et ses pierres insolites.

Moussa Galoué, le vieil homme de l'Ahaggar, est salué par Rabbit.

AVANT TERHENANET

Entre le myrte et le trou d'Ilamane se cache une pierre de lave à l'allure féline. Dans ce secteur, Mokhtar Zounga nous avait bien signalé la présence de deux guépards, mais pas celle de cette petite pierre. Là, le temps d'une halte, la rencontre avec le vieux Moussa nous plonge dans une autre ère. Ce Kel Oulli, cet homme des chèvres, mène ici la belle vie.

Quant à l'arrivée dans l'oued de Terhenanet, elle nous ramène au temps présent, à la fin de notre voyage entre "Amis". Ici repose l'Iman Hadj Ahmed qui, aux dires d'Abdela, est tout aussi important pour les Touareg que le Père Charles de Foucauld l'est pour nous. Un caravanier vient à notre rencontre et partage notre dîner, Intaïent est son nom. Comme Oheda rencontré près d'Amajur, Intaïent vient de "déposer" des touristes au pied de l'Assekrem.

Là-haut sur la colline, après avoir passé en notre compagnie quatorze nuits avec les Pléiades et autres stars, mangé autant de Tagellas et bu plus de cent quarante petits verres de thé vert, Abdela et Rabbit veillent sur leurs "Amis" en vue d'un autre voyage au cœur de l'Ahaggar en votre compagnie.

Lors de notre voyage entre "Amis", il nous a été donné de croiser des sépultures où reposent des caravaniers, d'autres Touareg, des fidèles, mais aussi des infidèles. Celle de l'Iman Hadj Ahmed est la plus imposante que nous ayons vue.

Abdela et Rabbit ont la trentaine et possèdent une trentaine d'"Amis".

Le monde change, le Touareg reste.

Grâce aux Touareg, ce coléo-
ptère aurait donné son nom à
la capitale de l'Ahaggar.

TAMANRASSET, capitale de l'Ahaggar.

A l'origine, il est un endroit où l'eau coule de source et qui de ce fait devient une halte obligée pour les caravanes qui sillonnent le Grand Désert. Le temps s'écoulant, des "marchands" s'installent et profitent du passage des méharées. Il est dit aussi qu'en ce lieu un coléoptère noir et blanc grouillait et que les hommes bleus donnèrent au site le nom de l'insecte. De là, Tamanrasset que l'on écrit aussi Tamanghasset ou encore Tamanghest, prit alors son envol. Pour d'autres, ce nom serait lié au cordage noir et blanc que les chameliers utilisent depuis des temps immémoriaux afin de fixer les bagages sur le dos de leurs chameaux de bât. Ce n'est pas tout, certains surenchérissent et mettent en avant le nom de la plus ancienne tribu touarègue, Imanghassatan, qui au pluriel devient Tamanghasset. Qui a raison ? Telle est la question à laquelle on n'attend pas de réponse quand on privilégie l'imaginaire.

Si aujourd'hui l'atmosphère qui enveloppe Tamanrasset n'est plus semblable à celle des origines en raison de l'activité humaine, le site continue à être une étape obligatoire pour les voyageurs qui s'aventurent dans le Grand Sud algérien.

Ici, seul est dangereux le grand oued et ce, seulement au temps des pluies diluviennes. En temps normal, il tient lieu de place de stationnement, de rencontre et de transit. Il sépare surtout la ville en deux, et le grand marché qui se trouve sur la rive gauche regorge de produit provenant, entre autres, du Niger.

Maintenant, les Touareg sont minoritaires et ils ne représentent que 5% des soixante dix voire quatre vingt mille âmes de ce qui est devenu une ville importante répartie à présent sur les deux rives du grand oued. 15% des habitants sont des militaires, des gendarmes et des policiers. Les fonctionnaires venant du Nord du pays occupent une place primordiale. Ils ont fort à faire avec les administrés répartis au sein de quarante trois ethnies distinctes. Parmi ces ethnies, celles qui arrivent du Mali et du Niger sont les plus représentées. Tamanrasset est aussi utilisée comme tremplin par des individus qui espèrent ainsi gagner le Nord et poser ensuite le pied au sein de la Grande Europe.

Les Bengalis de Florimond.

À l'époque de Charles de Foucauld, entre le Tamaris "le gros arbre" et le Fortin "Tam", l'espace était libre. (d'après la photo de Conrad Kilian).

A partir de 1936, la capitale de l'Ahaggar va aussi prendre racine autour d'un arbre trônant aujourd'hui au centre de la ville. Cet arbre est un tamaris qui s'épanouit sur la rive droite de l'oued à trois cents mètres du célèbre fortin. Avec la complicité de Florimond, cet arbre appelé aussi "gros arbre" a réussi à coloniser "Tam". En se rangeant des armes et en devenant l'ex-chef de garnison de ce qui s'appelait encore Fort Laperrine, Florimond eut l'idée de prélever les branches du vénérable tamaris afin de dessiner et d'embellir les artères de "sa" base. En échange de services, il a incité les habitants à entretenir les branches ainsi plantées. Il les a poussés par la même occasion à s'intéresser, entre autres, à l'agriculture afin qu'ils puissent commercer avec les caravanes de passage. Ceux qui tournaient le dos à la tâche étaient à l'amende, et de ce fait la grande majorité des habitants a mis la main à la pâte. Aujourd'hui, si les terres agricoles sont avalées par une urbanisation dévorante, les tamaris de Florimond se portent dans leur ensemble comme des charmes. Dans leurs branches s'ébattent des Bengalis que Florimond importa du Niger pour combattre les parasites qui malmenaient tous ses plants. Cet homme entreprenant est aussi à l'origine de nombreuses pistes tracées dans l'Ahaggar dont celle qui serpente vers l'Assekrem et que des Touareg empruntent pour se rendre là où a vécu le "Marabout" comme ils disent. Pour eux son ermitage est notre mosquée.

Chez nous, toutes les routes mènent à Rome. De "Tam" en revanche, il n'y a qu'une piste qui conduit à l'Assekrem.

Moktar ag Ba–Hammu inscrit son nom en Tifinar sous son portrait qui illustre à présent la page 161.

Avec Ahmed, le fils aîné de Mokhtar Zounga, nous avons le plaisir de rencontrer son grand-père maternel, Mokhtar ag Ba-Hammu. Cet homme de plus de quatre-vingts ans n'est autre que le fils du fameux Ba-Hammu, l'un des compagnons de Charles de Foucauld. Nous sommes réunis chez ce patriarche à l'ombre de la première mosquée, dans l'une des toutes premières maisons construites à "Tam". Sa façade est identique à celle que vient de me dessiner son petit-fils. Les rainures verticales dessinées sur les murs en banco facilitent l'écoulement de l'eau de pluie. L'ensemble est érigé sur la même rive, que le "gros arbre" et le fortin, c'est à dire la droite.

Derrière l'ermitage de Tamanrasset, se dessinent les murs de la congrégation des Petits sœurs du Sacré-Cœur.

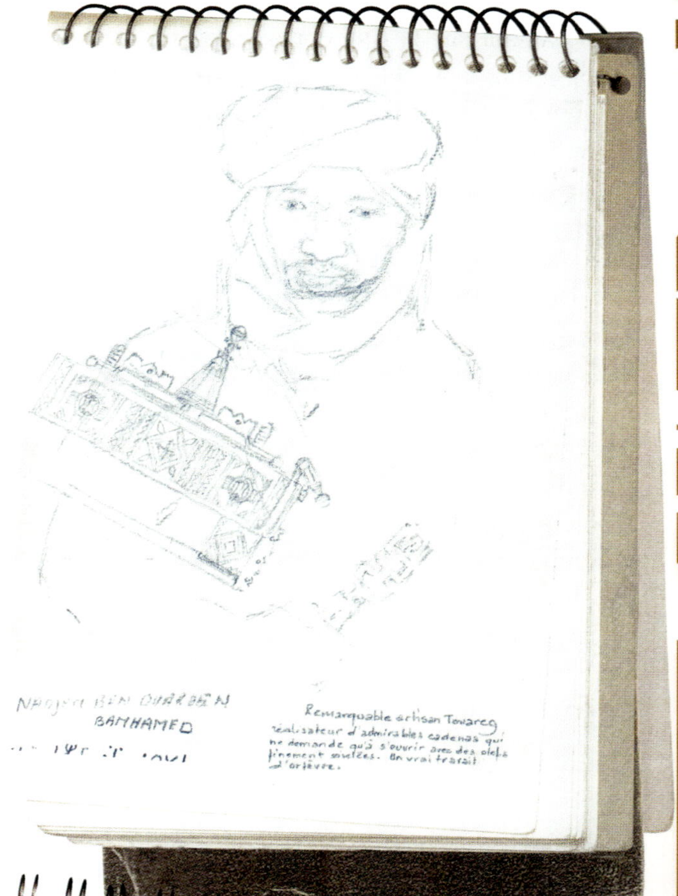

Marie-Jo, Martine et Marie-Thérèse, les Petits sœurs du Sacré-Cœur entourées de trois artisans qui, chacun dans leur domaine, méritent une visite.
Il en existe un quatrième, Alamine-Bey, qui lui se trouve dans le quartier de Tahaggaret.

En passant sur la rive opposée, on trouve le premier ermitage de Charles de Foucauld et à côté la congrégation des Petites Sœurs du Sacré–Cœur qui sont au nombre de trois. Elles se prénomment Martine, Marie–Thérèse et Marie–Jo. Grâce à elles, nous rencontrons deux artisans Touareg d'exception. Le premier est une femme, Chia Allazaoui. Comme il se doit chez les hommes bleus, elle travaille le cuir. Cette targuia a un fils, Nadjem Ben Ouarden Banhamed, qui après des études dans le domaine hydraulique a plongé tête la première dans l'art de la ciselure, du bijou et de la ferronnerie. Ses superbes cadenas et leur(s) clef(s) sont de véritables œuvres d'art. L'un deux renferme même une fine lame. Sachant aussi que la première boutique d'artisanat touarègue de Tamanrasset a été créée en 1969 par un certain Chergi Souliman, je vous invite maintenant à choisir parmi les clefs que l'on trouve aussi accrochées au châle de la targuia la bonne clef qui ferme la porte, "Talzout", du Grand Désert sur notre voyage dans le Grand Sud algérien. Elle vous permettra bien sûr de l'ouvrir ensuite à volonté.

·I·E·S·U·S·
C·A·R·I·T·A·S

LA VIE DE CHARLES DE FOUCAULD

Mon Père,
Je m'abandonne à vous ;
Faite de moi ce qu'il vous plaîra.
Quoique vous fassiez de moi, je vous remercie.
Je suis prêt à tout, j'accepte tout.
Pourvu que votre volonté se fasse en moi,
En toutes créatures,
Je ne désire rien d'autre, mon Dieu.
Je remets mon âme entre vos mains ;
Je vous la donne, mon Dieu, avec tout l'amour de mon cœur,
Parce que je vous aime,
Et que ce m'est un besoin d'amour de me donner,
De me remettre en vos mains sans mesure,
Avec une infinie confiance,
Car vous êtes mon Père.

Père Charles de Foucauld

Le "Chateau" abrite derrière la façade sur laquelle est accrochée la croix le bureau, la bibliothèque, la chambre et la chapelle de Charles de Foucauld. Il renferme aussi une chambre d'amis (à droite de l'escalier), un magasin (à gauche de l'escalier), une cuisine (cachée à gauche) et un puits aujourd'hui condamné. Il y a, comme il se doit pour un fort, un chemin de ronde. Il permettait au temps de Frère Charles de veiller au grain. Aujourd'hui il est recommandé de ne pas trop contempler la ville de la haut.

Sur le mur de la tour située à droite de la petite porte d'entrée protégée par un muret se trouve toujours l'impact de la balle mortelle.

le 1 DEC 2000
Devant le Fortin, 84 ans plus tard - TAM - 124

Né vicomte le 15 septembre 1858 à Strasbourg, Charles Eugène de Foucauld de Pontbriand, devenu Frère Charles, meurt assassiné à Tamanrasset le vendredi 1 décembre 1916. Ce jour néfaste, alors que la nuit vient de tomber sur l'Atakôr, Sermi äg Tores, un jeune targui Kel Ajjer ne portant pas encore le voile, vient de lui tirer une balle de fusil à bout portant dans la tête. Le Saint Homme rejoint ainsi tragiquement le Créateur au pied de son fortin, le bordj ou le château comme il aimait à l'appeler, dont la dernière pierre fut posée quinze jours auparavant, le 15 novembre exactement. Sa construction a débuté six mois plus tôt dans le but de devenir son nouvel ermitage et d'abriter, à l'époque, la maigre population de "Tam" des attaques éventuelles. Après avoir appris le 9 août que la troupe les Senoussistes du Sultan Ahmoud, avec à sa tête le fameux Kaocen, se dirige vers l'Ahaggar, Frère Charles y entrepose 30 carabines, 6 caisses de cartouches ainsi que des dattes et du blé. Fin septembre, il reçoit dans sa forteresse carrée de 15m de côté et de 8m de haut 14 nouvelles carabines et 2 caisses de cartouches. Avec François, j'ai l'immense privilège de me trouver quatre vingt quatre ans après cette date fatale, et ce, jour pour jour, au pied du "château" en compagnie du Frère Antoine la mémoire du Père Charles de Foucauld.

Charles de Foucauld l'année de sa mort.

Derrière le muret, se cache l'entrée du bordj.
Sa faible hauteur oblige le visiteur à se courber.

Le Frère Antoine est installé à Tamanrasset depuis 1954 au sein de la congrégation des "Petits Frères de Jésus" créée en 1933 pour suivre la voie de Frère Charles. Cet homme d'Eglise est un homme de culture et d'écrits à l'image de son aîné, et sa connaissance de la langue arabe et touarègue lui permet d'être une Bible véritable en ce qui concerne l'Histoire de l'Ahaggar. Son dernier ouvrage intitulé, "La mort de Charles de Foucauld" nous éclaire de façon remarquable sur les deux dernières années du fondateur de sa congrégation. En 1916 des troubles agitent fortement le Sahara central et le Soudan français ; des Touareg et d'autres profitent des tumultes de la première guerre mondiale pour tenter de rejeter les Européens. On dit que l'Allemagne de l'époque aurait une part de responsabilité dans le meurtre.

Frère Antoine.

Depuis ce soir funeste, l'âme du Père de Foucauld veille à jamais sur le Grand Désert, le Sahara, et sur ses hôtes, les hommes bleus. Ne cherchez pas sa tombe à Tamanrasset, elle ne s'y trouve plus. Pourtant, les dernières volontés du Frère Charles stipulent bien qu'il doive reposer à l'endroit même où il trouve la mort. Ce qui est pourtant fait, et le 15 décembre 1917, son ami Laperrine l'exhume pour l'enterrer au même endroit dans une tombe décente. A l'époque, en passant devant sa tombe, les Kel Ahaggar prononçaient cette phrase : "Que Dieu élève le rang du marabout en Paradis, car il nous a fait du bien durant sa vie !" En 1929, le 18 avril, malgré les dernières volontés de Charles de Foucauld, les Pères blancs transfèrent son corps dans le petit cimetière chrétien de El Goléa, cette palmeraie est, par la route, située à mille cinquante et un kilomètres au nord de la capitale de l'Ahaggar. Un jour peut-être, il reposera à nouveau au cœur de ce qui était pour lui un village de vingt feux. Quoiqu'il en soit, son âme guide depuis l'"Amessâkoul", le voyageur, le caravanier, jusqu'à l'Assekrem où s'élève son ermitage qui nous rapproche du Créateur. L'homme de Dieu arrive pour la première fois au sommet du plateau de l'Assekrem le 6 juillet 1911, accompagné de Ouksem ag Chîtât, Isoua, de Oua-n-Agouda et d'un certain B.H. qui n'est autre que Ba-Hammu, l'arrière-grand-père maternel d'Ahmed Zounga, le fils aîné de Mokhtar. Aujourd'hui, hormis celui du Frère Charles, il existe sur ou à proximité du plateau une demi-douzaine "d'ermitages" permettant d'accueillir des méditants. Au pied du plateau se dresse un refuge restaurant.

L'ermitage de l'intérieur : en haut, le couloir d'accès aux deux pièces et de gauche à droite, l'ex chapelle métamorphosée en bibliothèque où se trouvent le Livre d'or et à nouveau le matériel météorologique de Charles de Foucauld et l'ex-chambre devenue Chapelle.

En ce lieu, où s'étend à vos pieds la beauté de l'Ahaggar, il se fait construire un ermitage en pierres de huit mètres de long sur quatre mètres de large composé d'un long couloir, d'une chapelle et d'une chambre. La porte d'entrée est orientée plein Est. Il n'y habite que cinq mois et en descend le 14 décembre pour n'y remonter qu'à deux reprises, en février 1912 et du 3 au 7 juillet 1914 pour, entre autres, récupérer son matériel de météorologie. Cet ermitage a bien failli disparaître. Devenu une ruine véritable après la mort de Foucauld, ce n'est qu'en 1939 qu'une première restauration est entreprise suivie d'une deuxième en 1954 à laquelle participe le Frère Antoine. Cette dernière permet aux Petits Frères de Jésus de s'y installer un an plus tard. Aujourd'hui, en haut des 2710 mètres de l'Assekrem, perpétuant l'action de Charles de Foucauld, les Petits Frères de Jésus que sont, entre autres, le Frère Edouard et le Frère Alain, nous accueillent avec ferveur. J'allais écrire qu'ils font, à l'instar de leur Aîné qui fut le créateur de la station météo, la pluie et le beau temps sur le plateau. Comme chaque jour à sept heures du matin, une messe est célébrée dans la chapelle de l'ermitage. Pour des raisons d'espace, les Frères ont transféré la chapelle en lieu et place de la chambre de leur "Père". A l'origine, elle se dressait dans ce qui est aujourd'hui la petite bibliothèque, là où sont posés le livre d'or mais aussi le barographe et le thermomètre du

Pour accéder à l'emitage, on emprunte à pied un sentier pentu, étroit et sinueux.

Frère Charles qui furent endommagés le 1 décembre 1916 dans le fortin de "Tam". Le 18 novembre 2000, François et moi avons suivi l'office religieux avec le Frère Alain, et croyez-moi, le petit déménagement précité n'enlève rien à l'intensité émotionnelle des lieux situés au 28° 16'N et au 5°38'E.

Dans l'un des registres de l'Assekrem, j'ai relevé quelques températures extérieures aux degrés plus que variables : sous-abri, 28° en juin 1989 et –14° en décembre 1960 ; au sol, 62,5° en 1964 et –15,5° en 1983. Il y est aussi mentionné que la neige est tombée le 23 mars 1992 et que juin est le mois le plus chaud alors que janvier est celui où le froid est le plus intense. Lors de notre halte de trois nuits et deux jours et demi, le vent balayait sans ménagement la surface du plateau.

Sur le plateau, une gouttière attend l'eau de pluie pour la guider vers le réservoir.
En arrière plan s'élèvent le massif de Tézouaï (au centre) et l'ex-pointe de Foucauld, Saouinan (à droite).

Du haut de l'Assekrem, ébloui par la beauté du paysage, Charles de Foucauld écrit ces quelques mots : *"La vue est plus belle qu'on ne peut le dire ni l'imaginer. Rien ne peut donner une idée de la forêt de pics et d'aiguilles rocheuses qu'on a à ses pieds : c'est une merveille. On ne peut le voir sans penser à Dieu : j'ai peine à détacher mes yeux de cette vue admirable, dont la beauté et l'impression d'infini rapprochent tant du Créateur, en même temps que sa solitude et son aspect sauvage montrent combien on est seul avec Lui et qu'on n'est qu'une goutte d'eau dans la mer."*
A propos d'eau, sur le plateau, quand elle est de pluie, celle-ci est canalisée pour être stockée dans des réservoirs.

Le massif de Tézouaï côté face.

"La vue est plus belle qu'on ne peut le dire ni l'imaginer..."

INSTRUCTEUR / SAINT-CYR
(d'après une gravure)
de Goichon

SAUMUR / 2e Moitié du XIXe siècle
(d'après une gravure de Goichon)

Avant de devenir le grand homme de piété que nous connaissons, Frère Charles mène une vie quelque peu agitée. Ayant perdu ses parents à l'âge de six ans, il est élevé avec sa sœur cadette Marie par son grand-père maternel Charles-Gabriel de Morlet, colonel du génie à la retraite. Après une scolarité sérieuse et son diplôme de bachelier de rhétorique en poche, Charles de Foucauld, dont la foi religieuse n'est pas encore à l'ordre du jour, se tourne vers une carrière militaire. Suite à une année préparatoire, il entre honorablement à Saint-Cyr en 1876 en se classant 82ème sur 412 admissibles. Mais son embonpoint d'alors a bien failli lui coûter sa place. Son uniforme aux plumes de casoar lui seyait à merveille, il n'en est pas peu fier et multiplie les frasques. Homme de bonne compagnie, généreux financièrement, amateur de bonnes chairs dans tous les sens du terme, de bons vins, de bons et gros cigares, de jeux, le vicomte devient peu enclin aux études. Bien que casanier, il profite de la vie. Pourquoi se fatiguer à étudier puisque à ses yeux le concours est facile ? Il avait échappé à Polytechnique. En 1878, il quitte Saint-Cyr placé 333e sur 386. Comme Saint-Cyrien, il est puni quarante cinq fois pour paresse, négligence et indiscipline. Cela ne l'empêche pas d'entrer, la même année, à l'Ecole de Cavalerie de Saumur d'où il sort, en octobre 1879, 87e sur 87 en ayant purgé quand même vingt et jours d'arrêt et quarante cinq jours d'arrêts de rigueur. Ce n'est pas la note que rédige l'Inspecteur général de Saumur qui altère sa bonne humeur, au contraire : *"A de la distinction, a été bien élevé. Mais à la tête légère et ne pense qu'à s'amuser. Privé de congé pour sa conduite et ses nombreuses punitions."*

Foucauld ne s'arrête pas en si bon chemin et il est nommé, à Sézanne, au 4e Hussards. L'ennui le guettant, il se fait muter à Pont-à-Mousson tout en louant, pour ses permissions, un petit logement à Paris, rue de la Boétie. Là, les fêtes continuent sans qu'il ne montre pour autant toute la richesse dont il a hérité le 15 septembre 1878, après que son grand-père bien aimé ait rendu l'âme le 3 février de la même année. En 1880, le 4e Hussards s'étant métamorphosé en 4e Chasseurs d'Afrique, le lieutenant Charles de Foucauld part pour l'Algérie, plus exactement à Sétif. Là, lasses de ses multiples dissipations (il vivait, entre autres, maritalement avec une certaine Mimi), les autorités militaires haussent le ton. N'ayant cure de ces remontrances, il gagne aussitôt la France pour se réfugier à Evian avec sa douce. Toutefois en 1881, aux premières fleurs, son sang ne fait qu'un tour en apprenant l'insurrection dans le Sud Oranais. Bou-Amama, le marabout des Oulad-Sidi-Cheikh-Gharaba, s'était soulevé, mettant en péril la vie de ses camarades du 4e Chasseurs. Il se doit de les rejoindre.

Depuis l'an 970, de nombreux hommes de Foucauld s'étaient illustrés pour défendre, entre tout, l'honneur de la France. S'il devait y en avoir un dernier, il serait celui-là. Afin de garantir l'honneur de son pays, celui de ses camarades et le sien, il part en terre maghrébine, ses supérieurs ayant accepté ses multiples requêtes. L'honneur est sauf, d'autant qu'il fait l'admiration des siens et de Laperrine dont il devient l'ami. La confrontation avec le monde musulman le change lorsqu'il voit les hommes prier cinq fois par jour. Lui, le chrétien mécréant, voit sa foi renaître, et l'intérêt qu'il porte à cette religion, autre que la sienne, l'amène à démissionner de l'armée. La piste nouvelle que Charles de Foucauld vient de prendre va le mener vers une destinée à nulle autre pareille.

Son aventure saharienne commence vraiment avec sa mission d'exploration géographique qu'il mène au Maroc du 20 juin 1883 au 21 mai 1884 en compagnie de Mardochée, un rabbin juif d'Algérie qui sera à son service tout le long de cette longue marche de 3 200 kilomètres. Après être partis d'Alger le 10 juin, nos voyageurs arrivent en terre marocaine à Tanger le 20 juin après être passés par Gibraltar. Aux dires de certains de ses proches, la rupture de ses fiançailles avec Mademoiselle Titre aurait accéléré son départ vers ces contrées lointaines. Afin de mieux pénétrer ce pays et ses nombreuses régions qui étaient encore mystérieuses, il se fait passer pour le rabbin juif Joseph Aleman originaire de Moscovie. Une raison à cela, méprisés à l'époque par les musulmans, les juifs vivaient en parallèle et finissaient par devenir invisible à leurs yeux. Il était aussi difficile voire impossible pour un européen de traverser le Maroc, alors que le contraire l'était, du moins pour la France. Pour ce faire, il s'habille d'une longue chemise à manches flottantes, d'un pantalon de toile allant jusqu'aux genoux, d'un gilet turc de drap foncé, d'une djellaba blanche, de bas blancs, de souliers découverts, d'une calotte rouge et pour finir d'un turban de soie noire. Pour parfaire l'ensemble, il apprend l'hébreu, les coutumes juives et la langue arabe. Voilà comment, après onze mois d'un voyage extraordinaire, le faux rabbin et le vrai franchissent la ligne de démarcation avec l'Algérie le 21 mai 1884. Si Charles de Foucauld a pu relever 45 points de longitude, 40 points de latitude et environ 3000 points d'altitude, cette traversée n'a pas été de tout repos : après Fez, il ne doit son salut qu'aux différents soutiens apportés par des autorités de la région qu'elles soient religieuses ou non telles que Samuel ben Simon un commerçant juif fortuné, Sidi ben Daoud le patriarche de la confrérie zaouïa et l'un de ses fils Sidi Edris, Hadji Bou Rhim un musulman et Bel Kacem garde du corps de son état ; sans eux les pillards qui sévissaient à l'époque en grand nombre dans le sud marocain auraient tôt fait de stopper net cette entreprise unique. Le 23 mai, Charles arrive en "Terre française", à Lalla-Marnia où Mardochée le quitta pour remonter à Alger. Ainsi s'achève l'aventure marocaine.

Itinéraire de Charles de Foucauld au Maroc (1883/1884) d'après la carte du Commandant P. Pollacchi.

Pour le vrai rabbin, cette extraordinaire aventure est la dernière puisqu'il rend l'âme en la capitale algérienne moins d'un an plus tard. En revanche, pour l'ex Saint-Cyrien, de l'Ecole de Cavalerie de Saumur et l'ancien officier de hussards, qu'est le Vicomte Charles Eugène de Foucauld, le moins que l'on puisse écrire est que ce voyage au cœur du Maroc lui met le pied à l'étrier. A vingt-six ans, il offre au monde une autre vision de ce pays puisque grâce à lui, du nord au sud, ce sont 2 250 kilomètres supplémentaires qui s'ajoutent au 689 déjà connus. Pour ses relevés recueillis lors de cette expédition, il reçoit la médaille d'or de la Société de Géographie de Paris le 24 avril 1885. Cette récompense, il la doit en partie à Henri Duveyrier, son ami et parrain d'expédition qui l'a préalablement introduit auprès de la Société.

Notre médaillé d'or prend alors un nouveau départ. Il débute en septembre 1885 une série de croquis retraçant d'un trait sa vision du Sahara algérien et de la Tunisie. Si le premier de ces dessins n'est pas daté, le deuxième en revanche l'est, il porte la légende suivante : "22 septembre 1885. Tiaret. Village nègre la goubba de Sidi Hkaled." Dans le troisième et dernier carnet, l'ultime dessin de ce voyage représente, le 31 décembre 1885, les ruines de Seyllium à Kasrin (Kasserine), village situé à 106 kilomètres au nord de Gafsa en Tunisie. Le 24 avril 1890, Charles de Foucauld offre ses carnets à Henry Duveyrier en écrivant dans sa lettre d'accompagnement cette phrase : *"Je vous en fais cadeau, c'est bien peu de chose, un de ces riens qu'on se donne entre frères, gardez ce rien en souvenir de moi, vous me ferez plaisir."* Deux ans plus tard, et ce jour pour jour, Duveyrier décède. Les carnets passent ensuite entre les mains de Charles Maunoir. Quand ce dernier trépasse, les carnets finissent rangés définitivement au sein des archives de la Société de Géographie. Ce "un de ces riens" de cent trente et un dessins n'aurait jamais pu voir le grand jour sans la pugnacité de l'éditeur Jean Maisonneuve qui en publia l'intégralité en 1985. Au regard des traits maîtrisés, je ne peux qu'être admiratif. Par la même occasion, l'on découvre que le Vicomte de Foucauld était aussi un homme de l'Art. Si je devais en choisir un, je pencherai pour le soixante dix huitième : *"Vue de hasi el hadjee, prise du camp. 21 novembre 1885"*. Pour moi, il représente en quelques traits le Grand Désert et sa vie.

Esquisses sahariennes éditées par Jean Maisonneuve en 1985. (Droits réservés)

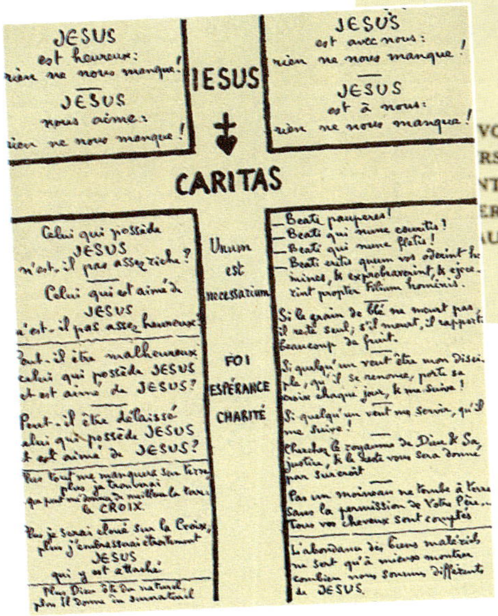

JESUS est heureux: rien ne nous manque!
JESUS nous aime: rien ne nous manque!

IESUS

JESUS est avec nous: rien ne nous manque!
JESUS est à nous: rien ne nous manque!

CARITAS

Celui qui possède JESUS n'est-il pas assez riche?
Celui qui est aimé de JESUS n'est-il pas assez heureux?
Peut-il être malheureux celui qui possède JESUS et est aimé de JESUS?
Peut-il être délaissé celui qui possède JESUS et est aimé de JESUS?
Plus tout me manquera sur terre plus je trouverai ce que peut me donner de meilleur la terre: la CROIX.
Plus je serai cloué sur la Croix, plus j'embrasserai étroitement JESUS qui y est attaché.
Plus Dieu ôte du naturel plus Il donne du surnaturel

Unum est necessarium
FOI
ESPÉRANCE
CHARITÉ

— Beati pauperes!
— Beati qui nunc esuritis!
— Beati qui nunc fletis!
— Beati eritis quum vos oderint homines, et exprobraverint, et ejecerint propter Filium hominis.
Si le grain de blé ne meurt pas, il reste seul; s'il meurt, il rapporte beaucoup de fruit.
Si quelqu'un veut être mon disciple, qu'il se renonce, porte sa croix chaque jour, et me suive!
Si quelqu'un veut me servir, qu'il me suive!
Cherchez le royaume de Dieu et sa justice, et le reste vous sera donné par surcroît
Pas un moineau ne tombe à terre sans la permission de Votre Père... Tous vos cheveux sont comptés
L'abondance des biens matériels ne sert qu'à mieux montrer combien nous sommes différents de JESUS.

Depuis 1880, année de son arrivée à Sétif, Charles de Foucauld n'a de cesse, tout en étudiant la Bible, d'apprendre un monde nouveau à ses yeux, l'Islam. A Paris, à la fin du mois d'octobre 1886 il se confesse en l'église Saint-Augustin* auprès de l'abbé Henri Huvelin, le Chanoine honoraire de Paris et vicaire des lieux qu'il a rencontré quelques mois auparavant au 42 rue d'Anjou chez sa tante Ines Moitessier, née de Foucauld. Après être entré à jeun dans l'église, il en sort, à 28 ans, nourri d'une foi nouvelle. Et c'est suite à son premier voyage en Terre Sainte en décembre 1888, qu'il tourne définitivement le dos à la carrière militaire pour devenir un soldat de Dieu, un pauvre parmi les pauvres. Ses armes sont à présent sa parole et sa foi. A partir de 1890, envahi par la religion chrétienne, il passe près de sept années à la Trappe pendant lesquelles il prend le nom de Frère Marie-Albéric en séjournant, entre autres, en Ardèche et en Syrie. Il étudie aussi la théologie à Rome. En quittant la Trappe, il devient Frère Charles de Jésus et part vivre à Nazareth et à Jérusalem de février 1897 jusqu'en août 1900. En revenant en France, il entame une retraite qui prendra fin le 9 juin 1901, jour où le mot Frère cède la place au mot Père. Le lendemain, il célèbre sa première messe à Notre Dame des Neiges en Ardèche. Homme de cœur, Charles de Foucauld n'abandonne pas pour autant l'étude de l'Islam. Celui-ci l'a mené là où il est, loin des occupations mondaines et proche de Dieu. Sa recherche spirituelle le conduit au sein d'un univers qui va devenir le sien, le Grand Désert, le Sahara, aux côtés des personnes qui y vivent, les Touareg en particulier.

**En entrant à droite en l'église Saint-Augustin, vous pouvez vous recueillir à l'endroit même de la conversion qui est situé dans la deuxième chapelle.*

Dès lors, il ne quitte plus sa gandourah sur laquelle est représenté sur la poitrine un cœur rouge surmonté de la croix du Sacré-Cœur qu'il finit par effacer à la fin de sa vie en trouvant enfin la plénitude. Comme il se veut être le pauvre parmi les pauvres, il épure par la même occasion sa tenue et son mode de vie. "Estimons infiniment les plus petits, les plus humbles, mêlons-nous à eux, soyons l'un d'eux", écrit-il. Au début du mois de septembre 1901, il part pour l'Algérie avec pour tout bagage quelques livres, une toile de tente, des sacs servant de tapis et un seau avec cinquante mètres de corde qui lui permettra de puiser l'eau des puits. En terre africaine, il est reçu par Monseigneur Livinhac à Maison-Carrée pour arriver fin octobre parmi les plus de sept mille palmiers de Beni-Abbès. En cette oasis proche de "son" Maroc qui devient son premier ermitage, il achète pour 1 170 francs de l'époque un peu moins de dix hectares de désert afin de bâtir sa masure et sa chapelle sur les murs de laquelle il accroche les quatorze tableaux du chemin de croix qu'il a dessinés lui-même.

(d'après une photo prise à Beni-Abbès)

Le 29 octobre, il y célèbre la première messe et le 9 janvier 1902, le jour de la Saint Joseph, il délivre un esclave d'une vingtaine d'années en le rachetant à son propriétaire et le baptise Joseph du Sacré-Cœur. Ce dernier gagne ensuite Alger pour se rendre chez les Pères Blancs. Le 14 septembre, il rachète deux esclaves dont un jeune garçon de quinze ans qu'il prénomme Paul et qui restera à son service jusqu'au 1er décembre 1916. Ce fidèle serviteur rend l'âme à "Tam" en 1956.

A son supérieur, le Frère Charles de Jésus écrit : *"Vous demandez si je suis prêt à aller ailleurs qu'à Beni-Abbès pour l'extension du Saint Evangile ? Je suis prêt, pour cela, à aller au bout du monde et à vivre jusqu'au jugement dernier."*

Il reste à l'ombre de ses palmes jusqu'au 13 janvier 1904 et part ensuite pour l'Adrar, la capitale du Touat. C'est là qu'il retrouve, en arrivant le 1er février, son ami Henri Laperrine devenu depuis Commandant supérieur des oasis sahariennes de Gourara de Touat et de Tidikelt.

Déjà venu à plusieurs reprises lui rendre visite à Beni-Abbès, le Commandant lui apprend ce même jour que sur les six grandes fractions touarègues, trois se sont soumises aux autorités françaises : les Iforas, les Taïtogs et les Hoggar.

FRERE CHARLES A BENI-ABBES

Afin d'accompagner dans de bonnes conditions le Commandant Laperrine lors de la grande tournée d'apprivoisement prévue dans les trois ou quatre semaines à venir, Charles de Foucauld gagne Akabli afin d'étudier en profondeur le Tamâchek, la langue touarègue. Selon lui, c'est ici que ce parler particulier est le meilleur. Avec son nouveau bagage linguistique et sur la demande de Laperrine, le Frère Charles de Jésus prend, le 14 mars, la piste pour un voyage pacifique qui l'amène dans le massif de l'Ahaggar. Là, il rencontre de façon décisive les "hommes bleus". Le 24 janvier 1905, le Père de Foucauld rejoint son ermitage de Béni-Abbès. Entre temps, Laperrine est promu lieutenant-colonel. Charles de Foucauld s'installe à l'ombre des palmiers de Beni-Abbès parce qu'il espère revoir "son" Maroc tout proche. Cet espoir restera vain.

La demeure de Moussa ag Amastane fut la première maison à étage, "Soureo", de Tamanrasset. Le nom de "Soureo" est devenu celui du quartier où les ruines qui se dressent aujourd'hui méritent d'être préservées.

Le 3 mai 1905, ayant vécu un peu plus de deux ans dans l'oasis, il la quitte avec ombrage mais rempli tout de même d'espérance afin de suivre une nouvelle fois son ami Laperrine dans le Hoggar comme disent les Arabes. Le Père Charles arrive le 11 août à Tamenghasset, comme il l'écrit lui-même. Là, avec l'accord de l'Aménokal des Kel-Ahaggar, Moussa ag Amastane, rencontré avec le capitaine Dinaux dans l'Adrar des Iforas un mois et demi auparavant, il décide d'établir son ermitage au cœur de l'Ahaggar, l'Atakôr, sur la rive gauche de l'oued. Sur la rive opposée se trouvent les ruines de la demeure de cet Aménokal.

Ce fameux 11 août 1905, le Père de Foucauld écrit sur son carnet de route : *"Couché Tamenghasset. Par la grâce du divin Bien-Aimé Jésus, il m'est possible de m'installer, me fixer à Tamenghasset ou dans tout autre point du Hoggar, d'y avoir maison et jardin, et m'y établir pour toujours... Cette possibilité me paraît même une volonté du Bien-Aimé... Je choisis Tamenghasset, village de 20 feux en pleine montagne, au cœur du Hoggar et des Dag-Ghali sa principale tribu, à l'écart de tous les centres importants : il ne semble pas que jamais il doive y avoir garnison, ni télégraphe, ni européen, et que de longtemps il n'y aura de mission : je choisis ce lieu délaissé et je m'y fixe, en suppliant Jésus de bénir cet établissement où je veux dans ma vie prendre pour seul exemple sa vie de Nazareth : qu'il daigne, dans Son amour, me convertir, me rendre tel qu'il me veut, me faire l'aimer de tout mon cœur; L'aimer, Lui obéir, L'imiter le plus possible en tout instant de ma vie ! COR IESU Sacratissimum... adveniat regnum tuum ! N(otre) D(ame) du Perpétuel Secours portez-moi dans vos bras. Sainte Magdeleine, Saint Joseph, je remets mon âme entre vos mains."* Le vœu du Frère Charles concernant "son" Tamenghasset n'a pas été exaucé, c'est même tout le contraire qui s'est produit. En refusant qu'en ce lieu un Fort porte son nom, Foucauld oblige en quelque sorte Laperrine a créer à Taghhaouhaout durant l'été 1908 le premier poste militaire du Grand Sud, Fort Motylinski.

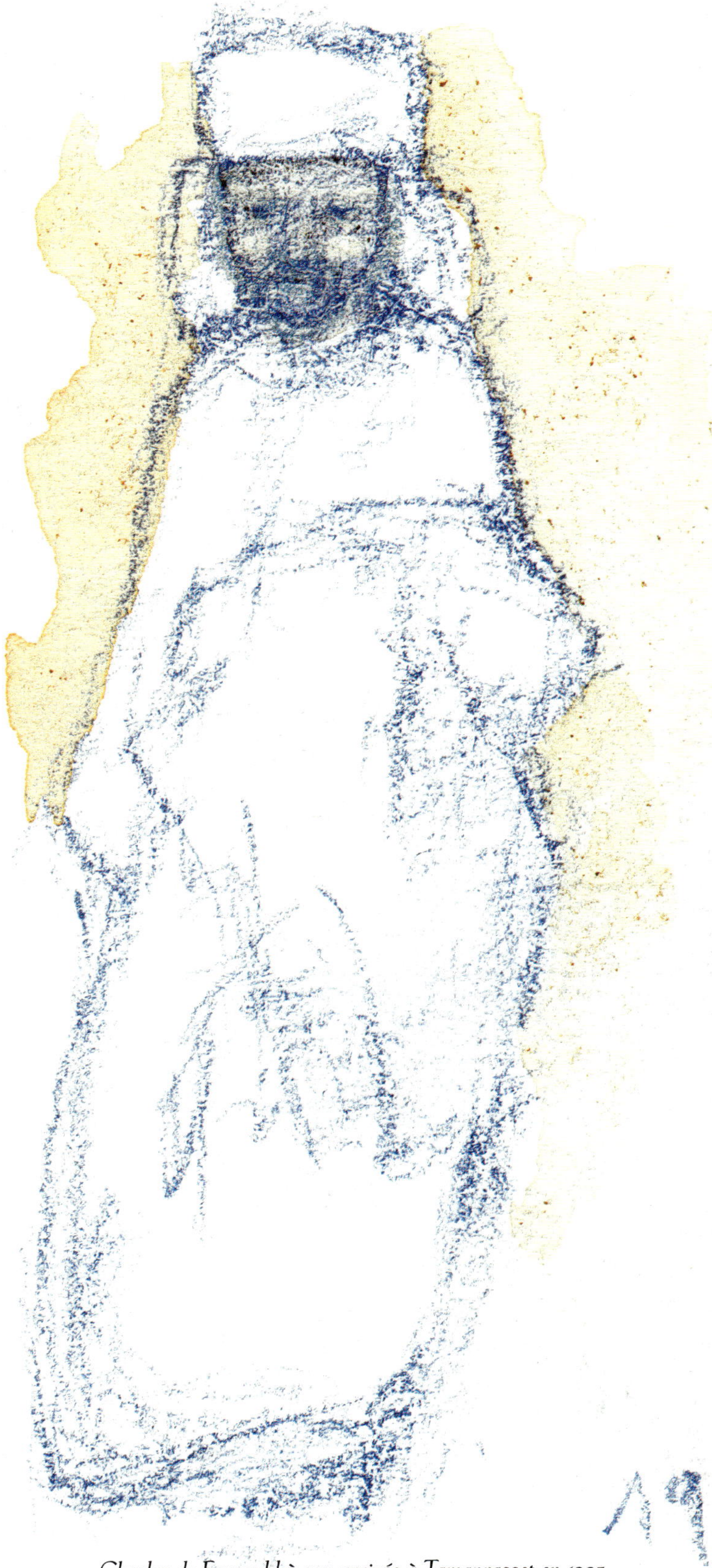

Charles de Foucauld à son arrivée à Tamanrasset en 1905. Pour les Touareg, l'année 1905 se traduit par : "année en laquelle Moussa (ag Amastane) vint du Niger".

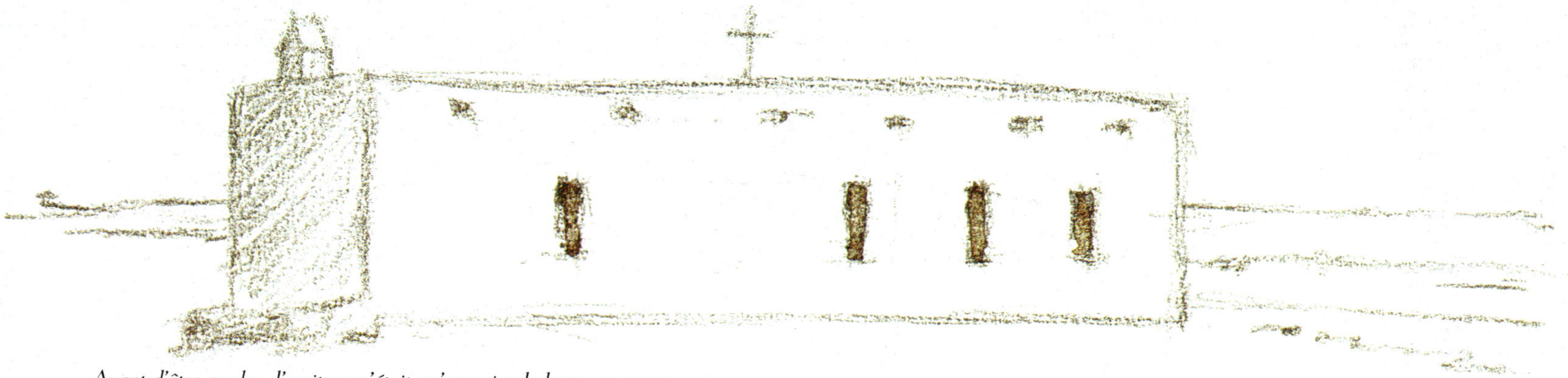

Avant d'être en dur, l'emitage n'était qu'une simple hutte en roseaux. Elle était semblable à l'habitation traditionnelle des Kel Ahaggar et à notre "tente" de Tarumut.

Le 19 août 1905, le père de Foucauld commence la construction de la chapelle sur la rive gauche de l'oued, et il inscrit en même temps sur son carnet : "J'aurai une maison en pierre, servant d'Eglise et de Sacristie, et une hutte en paille servant de dortoir, réfectoire, cuisine, parloir, chambre d'hôte, etc... La maison a à l'intérieur, 6 mètres de long et 1,75 mètre de large ; elle est divisée en deux pièces égales, l'une servant de chapelle, l'autre de sacristie." Pour la première fois, il y célébra la Sainte Messe le 7 septembre. Avant de devenir l'ermitage tel qu'il subsiste aujourd'hui, se trouvait, en lieu et place, la première maison de Charles de Foucauld. Celle-ci était semblable à notre tente de Tarumut. L'étroitesse de l'habitation est due au fait que le bois manquait à l'époque. Les tamaris ne sont pas encore suffisamment abondants. Ce premier ermitage, appelé aussi "Frégate", est en fait la première maison en dur de Tamanrasset. De là, le Père Charles de Foucauld admire les montagnes environnantes, entre autres, celle d'Adrian qui a reçu selon la légende un coup d'épée d'Elias. En son temps, la vue était totalement libre. Aujourd'hui, la vue a bien changé et pour préserver cette demeure de l'appétit pantagruélique de la ville, les Petites Sœurs et les Petits Frères ont érigé, il y a quelques années, un muret. Mais ce rempart semble bien maigre pour résister à la poussée de l'urbanisme. Sur le toit ainsi que sur celui du fortin était une croix qui aujourd'hui n'est plus.

Le massif d'Adrian domine "Tam", et le premier ermitage du Père Charles de Foucauld est dominé par le minaret.

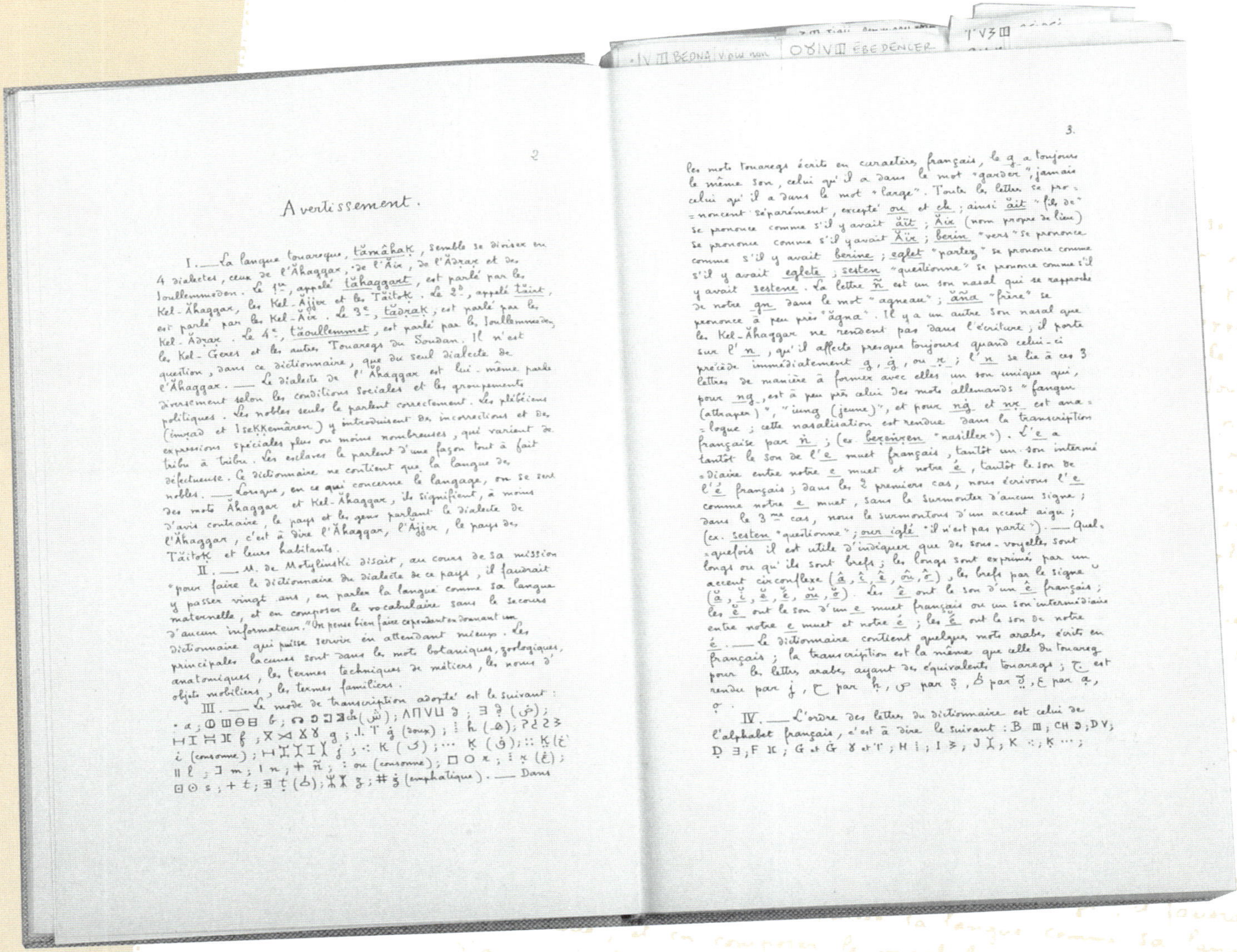

Cette page d'avertissement débute par : "La langue touarègue, tamâhak,...". Il y a plusieurs façon d'horthographier la langue touarègue dont bien-sûr celle proposée par le Père Charles de Foucauld. Si j'ai choisi le terme "Tamâchek" pour parler de la langue bleue, c'est qu'il est aujourd'hui celui qui est le plus usité. (Droits réservés)

Sa soif de connaissance le conduit tout naturellement à apprendre le Tamâchek et le Tifinar, la langue et l'écrit des Touareg. Le 26 décembre 1905, il débute la traduction des extraits de la Sainte Ecriture en Tifinar avec l'aide d'Abd-en Nebi, hartani de Tamanrasset. Pour parfaire ce travail, il demande à son ami Alexandre de Calassandri-Motylinski de le seconder. Celui-ci le rejoint le 3 juin 1906. Ils se sont rencontrés en 1881 pendant la campagne militaire menée dans le sud oranais, à l'époque Motylinski officie militairement comme interprète. Avec l'aide de son secrétaire Ba-Hammu, l'Aménokal des Kel-Ahaggar, Moussa ag Amastane, est aussi de bon conseil. En débutant la traduction du langage touarègue le lendemain de son premier Noël dans l'Ahaggar, le jour de la Saint Etienne, le Père de Foucauld n'imagine pas qu'il ne posera le point final sur ses écrits que le mardi 28 novembre 1916 avec la fin de la transcription des Poésies touarègues. Il a entrepris ce travail dantesque afin de freiner autant que faire se peut la pénétration effrénée de l'Islam et d'éveiller par la même occasion les Hommes bleus au bien fondé du catholicisme et de leur propre culture.

Dix ans et demi d'un labeur à nul autre pareil qu'il mêle à son activité d'homme d'Eglise. Comme le prouvent ses carnets, il s'astreint à travailler précisément 10 heures 45 minutes par jour la "langue bleue" après quoi seulement il vaque à d'autres tâches. L'apogée de cet ouvrage de titan est sans aucun doute la rédaction des 2028 pages de son Dictionnaire Touareg / Français (dialecte de l'Ahaggar) qu'il termine le 25 juillet 1915. Cet extraordinaire dictionnaire a pu voir le jour en 1951 et 52 grâce à l'acharnement d'André Basset* qui, avec l'Imprimerie Nationale et le concours du Gouvernement Général de l'Algérie de l'époque, en a édité le fac-similé en quatre volumes. J'ai l'immense plaisir de posséder ces volumes au regard duquel on ne peut qu'être impressionné : 2028 pages d'une écriture fine et régulière au milieu desquelles s'illustrent quelques dessins au trait et très peu de ratures. Devant un tel travail, nous ne pouvons tous que baisser bas le chapeau, le béret, et les Touareg leur tagoulmoust.

**André Basset est le fils de l'Editeur René Basset qui fut doyen de la Faculté des Lettres d'Alger et qui, le premier, publia en 1908 à Alger le travail de Motylinski et de Foucauld intitulé "Grammaire et dictionnaire Français / Touareg". En 1918, paraissait le Dictionnaire abrégé Touareg / Français, et en 1922, était édité "Textes touaregs en proses".*

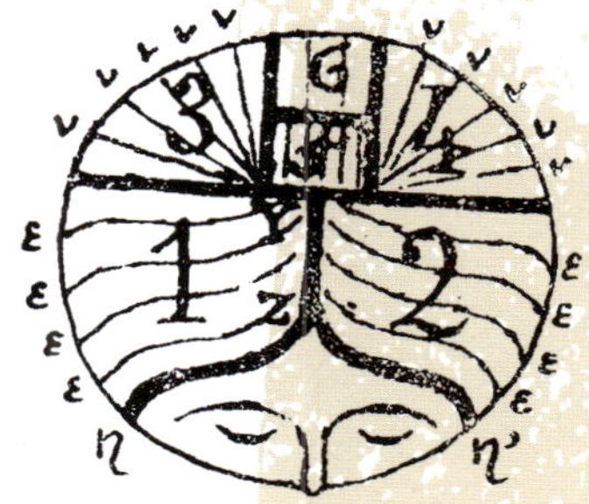

Dessin illustrant en page 1242 du tome 3 l'"Emêsi", c'est à dire le bord tressé du bandeau de cheveux de front. (Droits réservés)

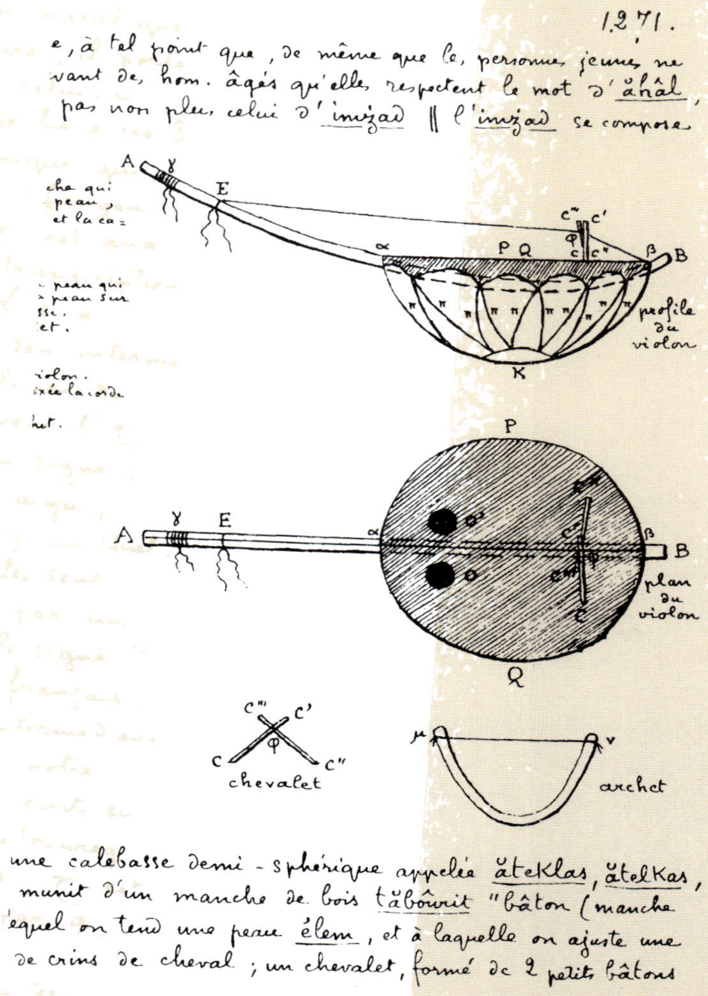

Dessin représentant en page 1271 du tome 3 l'"Imzad", le violon monocorde joué exclusivement par la femme touarègue. Avant tout, ce mot signifie le cheveu, le crin et le poil quel que soit leur type.

Comme sur la "Frégate", la croix dite latine n'a plus droit de citer au sommet du bordj.

S'il y a une personne à qui l'on peut dire : "merci", c'est bien le Capitaine de La Roche. Le 21 décembre 1916, celui-ci a découvert éparpillés dans le fortin de Tamanrasset les carnets et feuillets concernant le Dictionnaire, les poésies, le carnet de route, et intacte, au milieu des pages d'écritures et le sable, l'Hostie du Tabernacle protégée par une lunule. Ce jour là, le Capitaine de La Roche permit à l'homme d'armes converti en homme d'Eglise de revêtir, à titre posthume, l'habit d'homme de lettres.

Orphelin de mère (13 mars 1864) et de père (9 août 1864) dès l'âge de six ans, Charles de Foucauld devenait, en disparaissant au début de sa cinquante huitième année à l'ombre de la montagne Adrian, le Père de maints et maints hommes du désert et d'ailleurs.

"Vivre aujourd'hui comme si je devais mourir ce soir" telle était la devise de Charles de Foucauld.

Nous apprenons en couverture et en page 9 du Figaro du mercredi 25 avril 2001 que le Pape Jean-Paul II a signé la veille l'Acte d'Honorabilité et de Vertu de Charles de Foucauld. Ceci est un premier pas vers la Vénérabilité mais surtout, vers la Béatification.

La raison pour laquelle des marques pages apparaissent sur les différents volumes du dictionnaire est simple, même si le premier défini est "aba" en page 13 et que l'ultime mot est, en page 1998, "zézzerén" : les mots Tamâchek qui y sont décrits ne sont pas classés par ordre alphabétique, mais par racine, ce qui ne facilite pas la recherche d'un mot. Alors, quand un mot est trouvé vous le marquez doublement. Pour simplifier l'affaire, il existe, je l'ai eu entre les mains à l'Assekrem, un lexique Français / Touareg rédigé d'après le fameux dictionnaire par le Frère Jean-Marie Cortade en collaboration avec Mouloud Mammeri et qui a été édité en 1967 par Arts et Métiers graphiques.
Pour vous aider, sur les deux pages suivantes, quelques mots bleus bien ordonnés se dévoilent au singulier.

Afin de préserver le bordj de Charles de Foucauld, le maire de Tamanrasset, Mokhtar Zounga, a engagé des travaux de restauration à l'extérieur mais aussi à l'intérieur.

PETIT LEXIQUE SINGULIER, *Français / Tamâchek*

Ane : Eihéd ; Animal de course (chameau, cheval, lévrier...) : Tanegmot ;
Artisan (bois et métaux) : Ahensaoua ; Avril : Îbri ; Babouche : Taboûhek ;
Berceau : Taoulioula ; Blanc : Beideg ; Brume : Bourel ; Bouclier des Kel-Ahaggar : Afrâr ;
Campagne : Agama ; Caractère d'écriture touarègue : Tafînek ; Caravane : Asikel, Terekeft ;
Ceinture : Tagbest ; Chacal : ébeggi ; Chameau : Amâgour, Amis ;
Chameau de charge : Agelgâli / Dekkedek ; Chasser : Egdel ;
Cheveu, Violon mono corde : Imzad ; Chien : Eidi ; Ciel : Agenna ;
Cirro-cumulus : Edelêgé ; Cœur : Oul ; Constellation de la Petite Ourse : Aoura ;
Coussin : Adafor ; Coussinet d'étoffe (posé sur le front) : Tadehânat ; Couteau : Elmousi ;
Dattes : Teiné ; Décembre : Dejanbêr ; Eléphant : Êlou ; Emplacement d'un feu : Ebaouîl ;
Epée : Takoûba ; Esclave : Akli ; Etoile polaire : Lenkechen ; Fille : Iell ; Foulard : Tacherbit ;
Fusil, Carabine : Elboroud ; Gorge / Rue : Azageh ; Habitations des Kel-Ahaggar : Ehen ;
Herbe : Taicheche ; Hiver : Tagrest ; Homme assis sur les talons : Aseouegga ;
Homme élégant de toilette : Tadelermast ; Homme isolé : Aouelâoual ;
Homme qui connaît tout le Coran : Aggag ; Houe : Agelhim ; Langue touarègue : Tamâchek ;
Lit : Tadabout ; Litham indigo : Tagoûlmoust ; Lune : Eôr ; Mâle : Ei ; Marchand : Adallal ;
Matin : Toufat ; Mirage : Eilel ; Montagne : Adrar ; Mortier : Tindé ; Musique avec chants, danses et coups de fusil ; Navire, Vaisseau : Elbabor ; Novembre : Ouanbêr ; Ombre : Têlé ;
Oryx : Ederi ; Outre : Abaior ; Pain cuit sous la cendre : Tagella ; Palmier Doum : Tagait ;
Papa : Adda ; Pays, Territoire : Akâl ; Pièce d'étoffe de 12 bandes indigo : Alechcho ;
Pierre : Abbal ; Pilon : Eheren ; Piton : Akaboun ; Poignard : Têlek ; Porte : Talfout ;
Poussière : Agoûdrar ; Ruisseau : Têgert ; Sac de peau : Abaoun ; Selle de cheval : Elakif ;
Septembre : Chetenber ; Sépulture préhistorique : Edebni ; Soleil : Tafouk ;
Sommet : Acheffallou ; Souffle léger : Tadarout ; Soufflet : Tashet ;
Tabac à priser : Echchemma ; Tapis : Asefter ; Toit : Asfel ;
Touareg noble : Ebekched ; Tous les végétaux : Achek ; Trace de pas : Aderih ;
Tunique en peau tannée : Tébetik ; Vallée : Agouras ; Vase pour boire : Akous ;
Véhicule : Elkarossa ; Velum de tente : Eberheg ; Voile de femme : Ekerhei ;
Voyager : Sâkâl ; Voyageur, Caravanier : Amessâkoul.

L'apprentissage du Tamâchek n'est pas une priorité dans les écoles du Grand Désert. Les enfants Touareg ne peuvent compter pour ce faire que sur quelques aînés et quelques professeurs ou instituteurs. L'Arabe est la première langue ce qui n'empêche la langue Française d'être apprise dès la 4ème année du Primaire. Je vous présente ici l'Instituteur Ben Djama Mustapha, l'un des fils du Chef du village d'Outoul, dans sa classe de première année du Primaire. Certains de ses jeunes élèves se sont adonnés au dessin afin de participer à l'illustration de ce livre. Trois de leurs réalisations nous montrent ici et ce explicitement que chez les petits enfants du Grand Désert la pensée est loin d'être unique.

BIBLIOGRAPHIE *(non exhaustive)*

Les commencements d'une conquête, l'Algérie de 1830 à 1840 : Camille Rousset / Editions Plon 1887
2 tomes : 407 et 491 pages + Atlas de 12 cartes.
La conquête de l'Algérie de 1841 à 1857 : Camille Rousset / Editions Plon 1889
2 tomes : 379 et 409 pages + Atlas de 10 cartes.
Le Petit Journal (dans le Sahara algérien, les Touareg Hoggars et Taïtogs font leur soumission à la France) :
dimanche 26 novembre 1905 / numéro 784.
Charles de Foucauld (explorateur du Maroc, ermite au Sahara) : René Bazin / Editions Plon 1921 / 478 pages + carte.
Ecrits spirituels de Charles de Foucauld (ermite au Sahara, apôtre des touaregs) : René Bazin / Editions Plon 1924 / 266 pages.
Gravures et peintures rupestres du Tassil des Ajjers : Maurice Reygasse / Editions Masson et Cie 1935
(L'Anthropologie / extrait T.45-N° 5-6).
La Guémira, mission Alger-Lac Tchad 1937 : Stéphane Desombre / Editions O. Lesourd 1946 / 190 pages.
Aventures sahariennes : Stéphane Desombre / Nouvelles Editions Latines 1950 / 156 pages.
La piste oubliée : René Frison-Roche / Arthaud 1950 / 302 pages.
Le grand Désert : René Frison-Roche / Arthaud 1951 / 59 pages + carte.
Dictionnaire Touareg / Français : le Père Charles de Foucauld / Imprimerie Nationale de France 1951-1952
4 volumes, 2028 pages + carte.
Charles de Foucauld, explorateur mystique : Michel Carrouges / Editions du Cerf 1954 / 295 pages + carte.
Charles de Foucauld : Michel Carrouges / illustrations de René Follet / Editions Casterman 1962 / 40 pages.
Les animaux domestiques et leurs ancêtres : Francis Petter / Editions Bordas (Poche) 1973 / 128 pages.
A la découverte des fresques du Tassili : Henri Lhote / Editions Arthaud 1976 / 262 pages.
Vers d'autres Tassilis : Henri Lhote / Editions Arthaud 1976 / 258 pages.
Texte Touaregs en prose : Charles de Foucauld et Alexandre de Calassanti-Motylinski / Editions Edisud 1984 / 359 pages.
Charles de Foucauld, esquisses sahariennes (trois carnets inédits de 1885) : Jean Maisonneuve Editeur 1985 / 153 pages + carte.
Charles de Foucauld, Carnets de Tamanrasset 1905-1916 : Editions Spiritualité 1986 / 425 pages.
L'Habitat du Hoggar (entre tente et maison : la hutte) : Paul Pandolfi / Editions Karthala 1994 / 111 pages.
Touaregs, un peuple du désert : Edmond Bernus et Jean-Marc Durou / Editions Robert Laffont 1996 / 331 pages.
Chants touaregs : Charles de Foucauld / Albin Michel 1997 / 345 pages.
Ibaydi, le détachement bleu : Abdessalam Idriss / Editions L'Harmattan 1997 / 231 pages.
Les Touaregs de l'Ahaggar (parenté et résidence chez les Dag-Ghali) : Paul Pandolfi / Editions Karthala 1998 / 473 pages.
Touareg, le souffle bleu : Etienne Van Den Driessche / collection Palette Safari / Editions Larivière 1999 / 216 pages.
Bons et mauvais présages (croyances, coutumes et superstitions dans la société touarègue) : Alhassame ag Solimane
Editions L'Harmattan 1999 / 159 pages.
La mort de Charles de Foucauld : Antoine Chatelard / Editions Karthala 2000 / 346 pages.

CARTES

Tamanrasset : Carte IGN au 1/1 000 000 NF-31 / 1974.
Djanet : Carte IGN au 1/1 000 000 NG-32 / 1967.

COMMENT Y ALLER, ADRESSES UTILES

Explorator 16 rue de la Banque 75002 Paris – tél : 01 53 45 85 85 / fax : 01 42 60 80 00 / Minitel 3615 Explo (2,33 F/mn) / Web : www.explo.com / email :explorator@explo.com

Akar-Akar B.P. 164 Tamanrasset / Algérie – Tél / Fax 00 213 29 34 46 38 / Site : http : //saharakar.ifrance.com / email : akar-akar@wanadoo.fr

Timbeur B.P. 27 Djanet / Algérie – Tél : 00 213 29 47 52 70 / Fax : 00 213 29 47 51 31 / Telex : 42 024 DZ email : timbeur@aol.com

OPNA Office du Parc National de l'Ahaggar BP 242 TLX 63037 Maison de la Culture Tamanrasset/Algérie

OPNT Office National du Parc National du Tassili n'Ajjer – BP 11 – Djanet/Algérie

Association des Amis de Charles de Foucauld, à l'attention de Pierre Sourisseau, Secrétariat de l'Episcopat 106 rue du Bac 75007 Paris

Aucune vaccination particulière n'est requise pour vous rendre au cœur du Sahara. Pour autant, que cela ne vous empêche pas de partir en bonne santé tiut en étant accompagné d'une trousse de premiers secours, d'eau oxygénée, d'un aspi venin et de pastilles pour la purification de l'eau, sait-on jamais !

ATTENTION : PASSEPORT DONT LA VALIDITE EST ENCORE D'AU MOINS 6 MOIS A LA DATE DU DEPART / VISA OBLIGATOIRE A RETIRER PAR VOUS-MEME AUPRES DU CONSULAT D'ALGERIE DU DEPARTEMENT DE VOTRE DOMICILE.

Dans la présente collection, Etienne Van Den Driessche est aussi l'auteur de "TOUAREG, le souffle bleu", et de "MAASAÏ, l'étoffe rouge".
Il a publié aux Editions Delachaux et Niestlé, dans la collection du Guide du Jeune Naturaliste, "A LA CAMPAGNE" et "LOUPS, CHIENS, RENARDS et Hyènes".
Etienne Van Den Driessche organise avec Explorator des safaris dessins de douze jours dans l'Ahaggar sur la voie, entre autres, de Charles de Foucauld. Ces safaris ont pour noms : "Tamanrasset : ombres et lumières sahariennes".
Pour de plus amples renseignements sur les safaris dessins, contacter Explorator ou bien Etienne Van Den Driessche au 06 86 96 19 45 ou sur son email : evandendriessche@aol.com où vous pouvez aussi réagir à propos du livre.

TABLE DES MATIÈRES

Maquette et conception graphique Franck Ramambason
Photogravure et chromie Daniel Lesven
Ouvrage conçu et réalisé sous la direction d'Yvan Arzur

ISBN 2 914205 46 5
Imprimé par Mame, imprimeur à Tours